L'homme de derr

ou les clients de Ranc

Message de Melville Davisson

Writat

Cette édition parue en 2023

ISBN : 9789359253442

Publié par
Writat
email : info@writat.com

Contenu

PRÉFACE

En cette *fin de siècle* , la société est devenue libérale, dit-on, et pourtant celui qui agite un levier sous de sages coutumes, ou celui qui souligne le vice d'institutions établies de longue date, peut se croire heureux s'il lui est permis de le faire. se déshabiller contre le duelliste plutôt que contre la foule. Même si quelqu'un arrive dans les cours des *lettrés* avec un manteau teint d'une teinte différente de celle de ses camarades, il aura à peine franchi la porte avant le défi provocant : « Combattez-vous, mon seigneur ?

L'auteur, dans un ouvrage précédent intitulé *The Strange Schemes of Randolph Mason* , a souligné certains défauts du droit pénal et démontré comment le voyou habile pouvait commettre bon nombre des crimes les plus graves de manière à rendre la loi impuissante à punis-le. La suggestion a, semble-t-il, été considérée comme surprenante et son volume a suscité de larges discussions. Quelques messieurs possédant une culture juridique non négligeable, et certains autres à considérer comme des réformateurs moraux, affirmèrent que le livre devait être dangereux parce qu'il expliquait avec beaucoup de détails comment on pouvait assassiner ou voler et échapper à la punition. Si les lois devaient être améliorées, disaient-ils, « ne serait-il pas plus judicieux de le faire en influençant quelques dirigeants politiques ? »

Même si une telle critique n'émane pas d'un nombre considérable d'autorités, elle a été formulée honnêtement et mérite d'être prise en considération.

Le vice réside, me semble-t-il, dans une incapacité à saisir la véritable nature de nos institutions. C'est une maxime de notre système que le pouvoir législatif de l'État appartient en premier lieu au peuple de l'État. Ce pouvoir, pour des raisons de commodité, est délégué à certaines personnes choisies qui se réunissent pour mettre à exécution la volonté du peuple.

Les soi-disant législateurs ne sont donc pas du tout des législateurs, au sens où ils sont les initiateurs du droit ; ce sont plutôt des agents qui viennent de leurs districts respectifs sur instructions. Ces agents ne sont que des représentants temporaires des citoyens de leurs districts respectifs, directement responsables devant eux et chargés d'aucune autre tâche que celle de mettre leur volonté à exécution. L'agent ou le délégué doit donc aborder avec beaucoup de prudence toute question sur laquelle la volonté de ses électeurs n'a pas été déterminée de manière satisfaisante. Il apparaît alors que l'influence qui fait ou qui modifie la loi est une force exercée de l'extérieur. Aucun changement dans la loi ne peut être apporté correctement et en toute sécurité sauf sous la pression de l'opinion publique. La nécessité d'une loi doit d'abord être ressentie par le peuple et sa demande doit être formulée avant que le législateur ne puisse agir. Autrement, le représentant deviendrait un usurpateur présumé, imposant au peuple des statuts pour lesquels il n'y avait aucune demande publique ; et de telles lois, si mal obtenues, seraient sans le soutien du sentiment public et seraient susceptibles d'être abrogées.

Il est donc tout à fait clair que si la loi existante s'avère injuste ou défectueuse, le peuple doit être amené à voir et à apprécier cette injustice ou cette insuffisance et à exiger la modification requise.

Cette affirmation ne peut, me semble-t-il, être contestée. Il est respectueusement souligné qu'aucune autre méthode visant à obtenir des changements judicieux dans la loi ne peut être correctement appliquée dans le cadre d'institutions démocratiques. Affirmer le contraire, c'est remettre en question la sagesse de la démocratie elle-même, et avec un champion aussi téméraire, l'écrivain n'a aucune lance à briser. En fait, il donne cette explication avec une immense réticence, car il estime qu'il ne devrait pas être obligé de défendre une vérité aussi évidente. C'est comme démontrer gravement que la terre est ronde et que la lumière du soleil est une énergie.

lui est cependant conseillé d'attirer l'attention sur cette question, de peur qu'il ne soit condamné de manière irréfléchie lors d'une audience *exparte* . En effet, même après plusieurs centaines d'années de punition de *la peine forte et dure* , le bon citoyen aura du mal à tenir pour innocent celui qui reste muet tandis que des maux cachés l'assaillent. Si des hommes vaquant et venant sur un grand pont pour leurs affaires, et que l'on découvre que certaines planches du plancher sont défectueuses, ferait-il mal s'il les signalait à ses semblables ? Si les hommes travaillaient dans les magasins et faisaient du commerce sur le marché, confiants dans la sécurité des murs de leur ville, et que l'on percevait que le mur était criblé de trous, pourrait-il rester muet et échapper au stigmate du traître ? La loi fait peu de différence quant au degré de turpitude morale entre la *suppression veri* et la *suggestion faux* . Ce sont deux torts graves. Le devoir de l'individu envers l'État est impératif. Il ne peut y échapper et continuer à se considérer comme un digne citoyen.

N'y a-t-il pas dans toutes ces critiques une légère suggestion des hommes qui « assombrissent les conseils par des paroles sans connaissance » ?

Lycurgue enseignait les lois au peuple, Solon enseignait les lois au peuple. Le droit romain prévoyait un dernier appel du consul au peuple, et l'essence même des institutions républicaines réside, comme on l'a dit, dans la reconnaissance du peuple comme source du pouvoir législatif. Si la loi offre une sécurité imparfaite et est révisable, il faut instruire le peuple pour qu'il puisse la réviser. Si elle n'offre pas suffisamment de sécurité et n'est pas révisable, alors les gens doivent être instruits afin qu'ils puissent se protéger. Cette conclusion est irrésistible. Conseiller autrement, c'est partager l'odieux de cet ambassadeur à courte vue qui a conseillé à Périclès la sagesse de renverser la tablette sur laquelle la loi était écrite afin que le peuple ne puisse pas lire le décret.

On ne peut donc certainement pas dire que celui qui dénonce les vices de la loi au peuple fait le mal, à moins que la loi du pays ne soit élaborée par une séance patriciat étroite, comme l'aréopage de l'Athènes antique, à portes closes.

Cette époque où les ennemis de la société exerçaient leur métier au moyen du jimmy et de la lanterne noire est désormais presque entièrement révolue. Le maître voyou a découvert, avec une immense satisfaction, que le travail d'autrui peut être apprécié et les résultats de leur travail saisis et appropriés à ses usages, sans se soumettre au contrôle des tribunaux criminels.

De sages magistrats, œuvrant au bien-être de la race, se sont plu à écrire ce qui doit être fait et ce qui ne doit pas être fait, et ont appelé cela « loi ». Le citoyen, n'ayant pas le temps de s'enquérir, a exercé son métier avec l'impression que ces règles offraient une large protection à sa personne et à ses biens. Mais la loi, étant de conception humaine, est imparfaite, et dans cette fin du XIXe siècle, le mauvais génie s'immisce et dépouille le citoyen, et le vol est d'autant plus facile que la victime dort dans une conscience de parfaite sécurité. .

L'auteur a entrepris de souligner quelques-unes des insuffisances les plus évidentes de la loi et quelques-unes des méthodes d'évasion les plus simples utilisées par le méchant habile. Il ne faut cependant pas oublier qu'il existe des méthodes plus gigantesques et plus complexes pour se soustraire à la loi et s'approprier les biens du citoyen. Les archives non écrites des entreprises commerciales et les rapports des tribunaux regorgent de récits de vastes projets dont le but ultime est le vol du citoyen. Certaines d'entre elles ont réussi, d'autres ont échoué. Il y en a assez qui ont apporté de grandes fortunes à leurs auteurs audacieux pour consterner celui qui a à cœur le bien-être de la société humaine.

Le lecteur doit garder à l'esprit que le droit dont il est question ici est le droit tel qu'il est administré dans les formes juridiques de son pays, en aucun cas modifié et en aucun cas coloré par l'imagination de l'auteur. Chaque déclaration juridique représente un principe établi, minutieusement analysé par les tribunaux de dernier ressort. Il ne peut y avoir aucun doute quant à la véracité probable de ces conclusions juridiques. Ils sont aussi certainement établis qu'il est possible que les décisions des tribunaux établissent un principe de droit.

Il convient de rappeler au lecteur que les plans de conspirateurs habiles, auxquels ont eu recours dans le but de déjouer l'esprit de la loi, sont, pour la plupart, trop élaborés et trop compliqués pour faire l'objet d'un débat populaire. Une tentative d'expliquer à un profane peu intéressé des intrigues de ce type serait aussi vaine qu'une tentative de démontrer un problème abstrait de mécanique analytique. Les fripons qui se sont plu à consacrer leurs énergies et leurs capacités à des problèmes de cette nature sont des experts instruits et compétents, contre lesquels l'homme d'affaires moyen ne peut se défendre que mal. Il peut cependant être prévenu et l'auteur aura atteint son objectif s'il réussit à identifier le pavillon noir de ces embarcations pirates.

Dans le présent volume, il a jugé sage de continuer à utiliser comme personnage central l'avocat Randolph Mason, un misanthrope juridique plutôt mystérieux, n'ayant aucun sens des obligations morales, mais instruit en droit, qui, en vertu de l'étrange inclinaison Dans son esprit, il est heureux de s'attaquer aux difficultés de ses clients comme s'il s'agissait de simples problèmes impliquant une question de droit, d'équité ou de justice commune.

Ce conseiller impassible a déjà été présenté au public. Il a été décrit comme un homme d'une quarantaine d'années. « Grand et raisonnablement large au niveau des épaules ; musclé, sans être ni gros ni maigre. Ses cheveux étaient fins et bruns, avec des mèches grises irrégulières. Son front était large et haut et d'une légère couleur rougeâtre.

Ses yeux étaient agités, noirs d'encre et pas trop grands. Le nez était grand, musclé et courbé. Les sourcils étaient noirs et épais, presque touffus. Il y avait de gros sillons, allant du nez vers le bas et vers l'extérieur jusqu'aux commissures de la bouche. La bouche était droite et la mâchoire lourde et carrée.

« En regardant le visage de Randolph Mason d'en haut, l'expression au repos était rusée et cynique ; vu de bas en haut, c'était sauvage et vindicatif, presque brutal ; tandis que de face, si on le regardait bien en face, l'inconnu était fasciné par l'animation de l'homme. et conclut aussitôt que son expression était à la fois ricanante et intrépide. Il était manifestement d'origine méridionale et un homme d'une puissance inhabituelle.

Ce conseiller, vif, puissant, et pourtant dépourvu de tout sens d'obligation morale, est possédé par cette seule idée : que les difficultés des hommes sont des problèmes et qu'il peut les résoudre ; que la loi, étant d'origine humaine, peut être éludée ; que ses serviteurs, n'étant que des hommes comme les autres, peuvent être rebutés, contrecarrés et déroutés dans leurs efforts pour une bonne administration de cette loi.

C'est l'époque du coquin habile, et, en examinant ses projets coquins, l'écrivain en est finalement arrivé à croire que l'antique maxime, qui déclare que la loi trouvera toujours un remède au mal, est, dans ce temps présent de une législation hâtive, qui ne doit pas être considérée comme digne de confiance.

(Voir l'opinion savante du juge Matthews dans l'affaire Irwin contre Williar , no US Reports, 499 ; l'affaire Waugh contre Beck, 114 Pa. State, 422 ; également Williamson

contre Baley , 78 Mo., 636 ; 15 B. Monroe, Ky. Reports, 138. Voir aussi, en Virginie, le cas de Machir contre Moore, 2 Grat ., 258.)

LA MACHINE DU GOUVERNEUR

je

Il y avait quelque chose dans l'esprit du gouverneur, et lorsque cette situation était réunie, des événements intéressants s'ensuivaient généralement dans l'extrême sud-ouest. Cet état mental hautement mystique avait précédé les efforts d'une Cour fédérale pour le contraindre à agir en vertu d'un mandamus, et le résultat était historique. Cela avait précédé un conflit mémorable entre l'Assemblée législative dans son ensemble et Son Excellence le Gouverneur, également en général, et immédiatement après, une certaine loi avait vu le jour interdisant le rassemblement de troupes d'État à moins de cent milles du Capitole pendant la séance du Parlement. Solons du Commonwealth ; mais c'était une loi après coup. Elle avait également précédé les efforts mercuriels des soi-disant ordres patriotiques pour destituer l'Exécutif pour malversations, méfaits et non-exécutions, efforts qui n'avaient apporté à ses instigateurs qu'une déroute sinistre et peu glorieuse.

Le gouverneur se tenait à la fenêtre est de son bureau privé, regardant les plateaux bruns et monotones qui s'étendaient jusqu'aux contreforts des montagnes bleues qui marquaient les limites extérieures de sa juridiction. C'était un jeune homme, ce gouverneur, avec la silhouette ferme et droite d'un soldat et l'allure gracieuse d'une ascendance importante. Ses yeux étaient bruns, ainsi que ses cheveux et sa barbe de Van Dyke – autant d'indices, disent les sages, de ce que le gouverneur n'était pas précisément. Il était parfaitement soigné. Chaque matin, lorsqu'il se rendait à la State-House, il était la merveille et l'idole fastidieuse et impeccable de l'extrême sud-ouest.

On aurait pu imaginer que ce bel homme venait de sortir d'un club chic de New York, aurait-il oublié qu'une telle institution était presque un continent à l'est. Le gouverneur avait soutenu qu'il était tout à fait possible de vivre comme un gentleman partout où la Providence avait fourni des Chinois et de l'eau, et que la situation n'était pas entièrement désespérée s'il n'y avait pas de Chinois, l'eau restait donc.

Il était vrai que l'exécutif avait maintenu ses coutumes non sans peine face aux diverses protestations des dieux et des hommes, souvent formulées en silence, mais assez souvent poussées avec acharnement au grand jour. Mais le gouverneur n'était pas de ceux avec qui les gens intrusifs pouvaient se moquer et préserver la paix. Ce fait, certains méchants hommes l'avaient appris à leur détriment à l'ouest du Gila, et diverses personnes mal intentionnées le regrettèrent et furent enterrées, et regrettèrent et se souvinrent au sud du Pecos. De sorte qu'avec le temps, cette question en vint à être considérée comme une particularité et passa au respect commun, comme c'est le cas pour les particularités de ces esprits expéditifs qui tirent d'abord et expliquent ensuite.

Le gouverneur fut tiré de sa rêverie par son secrétaire particulier qui arrivait à ce moment du bureau extérieur.

« Gouverneur, dit le jeune homme, il y a une grève à Big Injin . »

"Eh bien", répondit l'exécutif, "télégraphiez au shérif."

"Mais", dit le secrétaire, "le shérif vient de nous télégraphier."

"Alors", a poursuivi l'exécutif, "envoyez un courrier au colonel Shiraf ."

"Mais le colonel Shiraf est sur le Ten Mile."

« Dans ce cas, » dit le gouverneur, « vous devez aller jusqu'aux mines, et si la dignité du Commonwealth doit être maintenue, vous la maintiendrez, Dave. Vous devriez trouver des troupes au poste, des bergers au ranch de bétail et une très grande partie des gardes d'État, à ce moment-là complètement ivres, à une foire aux chevaux dans le comté de Garfield. S'ils sont nécessaires, prévenez-moi.

Alors que le secrétaire se tournait pour quitter la pièce, le gouverneur le rappela. « Dave, mon garçon, dit-il, la paix dans ce Commonwealth est une chose sacrée – une chose extrêmement sacrée, si sacrée que nous l'aurons si par là le mot « recensement » devient un terme dénué de sens ; et souviens-toi, mon garçon, que l'État est très expéditif.

Le secrétaire sortit et ferma la porte derrière lui, tandis que Son Excellence Alfred Capland Randal, oubliant le rapport, se retournait vers la fenêtre. L'air de la grande plaine brune montait sec et chaud ; au-dessus des montagnes bleues, le soleil ressemblait à une tache rouge sanglante, et par-dessus tout couvait le silence monotone – presque désespéré de l'extrême sud-ouest.

Le problème qui préoccupait le gouverneur était d'une importance capitale, pour lequel il ne pouvait évidemment trouver aucune solution, et bientôt il commença à arpenter son bureau privé à grands pas et les mains enfoncées profondément dans ses poches.

Soudain, la porte s'ouvrit et un Chinois entra avec un télégramme. Le gouverneur leva brusquement les yeux et, prenant l'enveloppe, la déchira avec une insouciance évidente. Quand ses yeux parcoururent le message, il inspira profondément et, s'asseyant à une table, étala le papier devant lui. C'était l'avènement de l'inattendu, auquel M. Randal n'était pas tout à fait préparé, et cela se manifestait à un tel degré que le Céleste impassible se demandait vaguement ce qui se passait avec le grand diable étranger.

"Notre train s'arrête à El Paso", disait le télégramme, "vous monterez, n'est-ce pas ?— ML"

Le gouverneur caressa sa barbe de Van Dyke et les ridules apparurent sur son visage. « De tous les temps », marmonna-t-il. Puis il se tourna vers le Chinois. « Récupérez mon pardessus au dépôt à six heures. Je vais à El Paso et je ne reviendrai que tard.

Le Chinois disparut, et l'Exécutif écrasa le télégramme dans ses mains, le fourra dans sa poche et reprit sa marche à travers le bureau privé.

Ce gouverneur était le couronnement d'une machine. Il était le fils aîné d'une ancienne famille du Massachusetts et avait été élevé et éduqué dans une atmosphère culturelle. Sa famille avait eu l'intention de lui faire succéder à son père en exerçant le droit, mais les projets des hommes sont soumis à d'innombrables périls, et il s'est vite avéré que le jeune M. Randal n'était pas du tout adapté aux fonctions de un avocat. En effet, il est apparu très tôt que la nature avait destiné cet homme aux aléas précaires de la vie publique. Il était magnétique, généreux, avec une présence splendide et l'esprit insouciant et spéculatif d'un joueur. En vérité, Alfred Capland Randal était un homme politique *en soi* . Pendant ses études universitaires, il avait été un élément agité, injectant les principes de la politique pratique dans tout ce qu'il touchait, depuis les fraternités de lettres grecques jusqu'aux examens de Tacite, et tout cela avec un abandon si imprudent et si jovial que divers membres sages de la faculté spéculaient avec Il est très étonnant de savoir quelle institution pénale particulière serait son domicile ultime.

Parfois, l'aîné Randal avait été convoqué pour assister à ces séances graves de la faculté, et immédiatement après, le rigide avocat de la Nouvelle-Angleterre avait fait de longues sermons à son fils et avec des invectives amères, auxquelles le jeune homme assistait d'une manière aimable. et immédiatement ignoré d'une manière tout aussi aimable. Ainsi, dans le sein puritain du père, grandissait, s'engraissait et mûrissait la conclusion que le descendant aîné de sa maison était un déchet totalement sans valeur, tandis que le fils était tout aussi certain que son père était un vieux gentleman très sincère, mais totalement égaré.

Le résultat de ces opinions divergentes fut que, un certain soir de juin, le jeune Randal s'assit sur un banc dans le parc de la maison de campagne de son père, dans le but exprès de planifier sa carrière. Fort de la confiance de sa jeunesse, il se fixa sur deux résultats ultimes. L'une était, bien sûr, la richesse, et l'autre était une cérémonie de mariage élaborée et tout à fait appropriée avec une certaine Miss Marion Lanmar . Cette jeune femme, Randal l'avait rencontrée lors d'un match de football à Harvard, puis à New York, où elle résidait avec sa tante, Mme Hester Beaufort.

La confiance gigantesque de la jeunesse est certainement un sujet d'émerveillement sublime pour les dieux. Une personne un tant soit peu au courant des choses aurait immédiatement déclaré que les deux résultats étaient tout à fait impossibles au jeune homme imprévoyant. Mais du point de vue d'une jeunesse exubérante, il ne semblait y avoir aucun obstacle important, à l'exception d'un éventuel retard, et cela n'était pas très important, car le monde était jeune et c'étaient des choses à réaliser dans un avenir plus lointain.

Pour le moment, Randal était déterminé à organiser une machine politique et à la transporter dans l'un des États occidentaux les plus reculés. L'Orient n'offrait aucun théâtre pour ses talents ; c'était étroitement organisé; sa machine politique était trop puissante pour qu'il puisse espérer s'y opposer. Il serait écrasé dès la première escarmouche.

Il ne pouvait pas non plus espérer une reconnaissance rapide en s'alliant à l'une ou l'autre des organisations établies. Celles-ci étaient remplies d'hommes méritants et, d'ailleurs, il n'avait pas l'intention de servir comme apprenti politique. Il avait des capacités, croyait-il, en tant que stratège politique, et il proposait d'opérer librement et sans entraves dans une grande arène aérée.

Ayant déterminé un parcours, le jeune Randal entreprit immédiatement de le mettre en service. Il a tenu un conseil de guerre sur la Plaza de la Cinquième Avenue avec deux de ses associés d'université, un joueur bloqué, appelé par commodité « Billy le plongeur », et un vieux gentleman de Virginie nommé Major Culverson . Le conseil siégea en séance secrète pendant trois jours, et le résultat fut que la machine s'installa dans le Commonwealth de l'Idaho et commença à fonctionner. Mais les mœurs et coutumes de l'Occident étaient variées et mystiques, et l'été suivant, la machine, fortement ébranlée, s'installa dans le Nevada. Ici, à Tulasco , sur la ligne Central Pacific Railroad, le premier étudiant déserta et, aidé par son père, retourna avec une grande pénitence vers l'Orient civilisé.

La machine a traversé la rivière Humbolt et a tenté de façonner le destin politique du Nevada. Mais le désastre suivait son sillage et, après une carrière active et turbulente, mais tout à fait peu rentable de quelques mois, il se dirigea vers le sud, battu et battu, mais invaincu.

Dans la nuit du 3 octobre, la machine s'est rendue à Hackberry, dans le Pacifique Sud, et pendant que les hommes dormaient, le deuxième étudiant, caché dans un wagon de marchandises, s'est mis en route vers la côte atlantique, maudissant avec un langage sinistre tout cela. partie du continent située à l'ouest du Mississippi.

Le lendemain matin, la machine tint son deuxième grand conseil, mais cette fois-ci elle siégea en conclave désespéré au-dessus du Cow-Punchers' Saloon dans la ville de Hackberry, confrontée à une condition et non à une théorie. Mais il restait trois membres : Randal, le fils de Culver, l'intrépide , et Billy le plongeur.

Le joueur était favorable à l'organisation d'une banque de Faro et à l'exploitation des villes situées le long de la Gila, mais comme la banque n'avait pas de fonds et que le taux de mortalité habituellement associé à de telles entreprises dans ce pays primitif était énorme, son plan fut jugé impraticable et à quatre heures. A midi, il cessa d'insister sur la sagesse de son projet, et après avoir annoncé avec une grande solennité qu'il était prêt à atteindre toutes les limites voulues par la bande, il tomba dans la qualité de spectateur.

Le major conseilla de se déplacer vers le sud, jusqu'au Mexique, mais comme il ne semblait avoir aucune idée précise de ce qui devrait être fait une fois le Mexique atteint, et qu'il apparut finalement que se déplacer vers le sud n'était qu'une mode avec Culverson , le plan fut également abandonné.

Le jeune Randal, enthousiasmé par son objectif inébranlable, a insisté sur la sagesse de tenter une chance avec les fortunes politiques de l'Arizona, mais il a été démontré qu'il envisageait une entreprise majeure, ayant pour objet un immense honneur, alors qu'à présent il y avait un besoin criant de une entreprise mineure qui rapporterait probablement les nécessités de la vie et quelques centaines de dollars. Ainsi, à trois heures du matin, la machine décida d'assumer, pour un temps, la vocation de berger et d'accepter un emploi chez un certain roi des troupeaux du Nouveau-Mexique.

Il était cependant entendu que cette digression serait temporaire et qu'elle devrait être abandonnée dès que la machine se sentirait capable de reprendre sa fonction initiale. C'est à ce stade des délibérations du conclave que le major Culverson fit sa célèbre déclaration, à savoir que les portes de l'enfer ne pourraient pas finalement prévaloir contre une machine politique composée d'un Yankee du Massachusetts, d'un gibier mort et d'un vieux Virginian. gentilhomme.

A partir de ce moment, la carrière de la machine de Randal fut un enchaînement de fortunes et de malheurs, principalement ces derniers, tout à fait incroyables. Mais les trois hommes se sont accrochés, et un seul objectif enthousiaste est une merveilleuse puissance motrice, de sorte que lorsque le destin a finalement donné un coup de main, la machine est devenue quelque chose d'important dans les affaires d'un Commonwealth du Sud-Ouest. Une fois sur la voie ascendante, la capacité de Randal et les énergies audacieuses de ses associés l'ont fait avancer à grands pas, si grands que le soir du jour auquel cette histoire a à voir, le Yankee du Massachusetts était le gouverneur d'un État. , le major était auditeur, et Billy le plongeur, maintenant connu sous sa signature sous le nom d' Ambercrombie Hergan , était secrétaire d'État.

Le soleil avait disparu derrière les montagnes lointaines, passant désormais du bleu à un gris trouble. Le gouverneur, rappelé à l'heure, ferma son bureau en acajou, verrouilla la porte de son bureau privé et sortit tranquillement à travers la State-House. En descendant les marches du Capitole , il rencontra le vérificateur qui arrivait.

"Comment vas-tu, Al?" dit le commissaire aux comptes.

« Charmé », répondit le gouverneur.

« Ah », dit le major en grande cérémonie, « vous êtes peut-être charmé, monsieur, mais pour moi, monsieur, votre visage a l'air hanté de quelqu'un qui détient trois neuf contre ce qu'il soupçonne fortement d'être une main de maître.

"Sage", dit le gouverneur en s'inclinant, "je tremble à cause de mes pensées cachées."

« Vous êtes un imbécile », dit le major en s'approchant de l'exécutif. "Je veux savoir où tu vas."

"JE!" dit le gouverneur, « je vais vers le sud-est. Vous voyez ce petit chemin de fer ? Je suis même maintenant sur le point de m'en remettre à sa merci irresponsable.

« Vous ne devez pas y aller, Al », a poursuivi l'auditeur. « Attendez, je vais en nommer les raisons. Tout d'abord, il y a une fête Julep dans ma somptueuse résidence.

« Insuffisant », a déclaré le gouverneur.

"Deuxièmement, il y a une grève au Big Injin ."

« Insuffisant », a déclaré le gouverneur.

« Et troisièmement, poursuivit l'auditeur en baissant la voix, l'honorable Ambercrombie Hergan est à cette heure même dans la deuxième salle du Crawley's Emporium, jouant les impôts du comté de Bolas et les perdant, monsieur, les perdant.

Le visage du gouverneur se durcit et ses remarques restèrent un instant tout à fait imprécises. Puis il se tourna vers le commissaire aux comptes.

« Ned, poursuivit-il, vous devez le faire sortir et l'emmener chez moi. Je serai là à dix heures. Je suis obligé d'aller à El Paso. Je ne peux pas m'en sortir. Je suis obligé d'y aller.

"Contraint?" s'écria le major, qui, au nom de tous les dieux vivants, vous contraint ? Il doit être plus grand que les chemins de fer, plus grand que la législature, plus grand que la Cour fédérale. Convaincre l'honorable Alfred Capland Randal ? Ombre de la sorcière fleurie d'Endor !

« Ned, » dit lentement le gouverneur, « je vais tout expliquer dès que possible. En attendant, vous devez m'aider. Vous devez le faire sortir. N'est-ce pas, Ned ?

Le gouverneur posa la main sur l'épaule du commissaire aux comptes, comme il l'avait fait mille fois auparavant lorsqu'il avait besoin de l'aide de cet homme hors du commun. Et, comme il l'avait fait mille fois auparavant, le Major a déclaré que l'Exécutif était un « foutu coquin » et un « jeune sans compte », et qu'il ne le ferait pas, alors qu'il savait au plus profond de lui-même qu'il ne le ferait pas. cœur qu'il aimait ce jeune homme hétéro plus que toute autre chose au monde, et qu'à présent il allait faire exactement ce qu'il avait dit qu'il ne ferait pas.

Le gouverneur le savait aussi, car il descendait les marches sans s'arrêter pour interrompre le flux aimable des remarques dépréciatives du commissaire aux comptes.

Au dépôt, il trouva le Chinois Bumgarner qui l'attendait avec son manteau.

Qu'un Céleste aussi primitif ait dû porter un tel nom provenait entièrement des pieux instincts du Major. Il arriva que le Virginien se tenait parmi une foule au coin du Crawley's Emporium lorsque le Chinois apparut pour la première fois, après avoir quitté la côte. Le major, qui était légèrement dans ses tasses, appela le Chinois dans un coin et lui demanda sous quelle appellation il était connu, ce à quoi l'étranger répondit qu'il s'appelait Fu Lun . « Fu Lun ! » » cria violemment le major, « un nom qui sent le diable et qui ne doit pas être toléré dans un État chrétien ». Et puis se tournant vers la foule : « Messieurs, poursuivit-il, voici ! Je fais un bon travail missionnaire. Je réprimande le mauvais esprit qui habite au sein de ce païen. Je lui donne un prénom. Je l'appelle Bumgarner.

Ainsi, la première preuve de civilisation s'attacha au Céleste et, comme le mandat du Major ne devait pas être ignoré, en tant que « Bumgarner », le Chinois était parti.

Le voyage jusqu'à El Paso n'a pas été vain pour le gouverneur. Dans très peu de temps , il devrait être en présence de Miss Marion Lanmar et de sa tante Mme Beaufort, et, plus que jamais depuis leur première rencontre mouvementée, c'était le moment même où il n'était pas préparé pour une entrevue. Avant l'exode notable de la machine vers l'Idaho, Randal avait fait appel à Miss Lanmar , qui était à cette époque une très jeune femme étudiante à l'université. Les deux étaient très importants, plutôt enthousiastes et pitoyablement ignorants des habitudes du monde.

Cette dernière rencontre leur paraissait lourde de destin et dramatique, à la limite d'une répétition de comédien. La jeunesse lui prêtait tout le glamour du romantisme. Pour Miss Lanmar, le jeune Randal était son chevaleresque chevalier errant, à la veille de son départ vers une terre sauvage et inconnue pleine de périls mystérieux, en quête de richesse et de juste renommée, tout pour elle. Pour Randal, elle était la Lily Maid d'Astolat, que c'était le destin qu'il devait adorer par de nobles actes jusqu'à ce qu'il gagne. Tout cela était strictement conforme à la coutume romantique dans de tels cas faits et fournis, et se terminait tout à fait conformément aux conventions idéales.

Quand la porte se fut refermée sur le beau jeune homme que Miss Marion Lanmar avait promis d'aimer toujours plus, cette jeune dame resta debout, immobile près de la tablette de la cheminée, le visage très blanc et le cœur très désespéré et très vrai. Pour la délicate Miss Lanmar , tout cela était très réel, et en aucun cas la jolie petite comédie que le monde, par sa sagesse pratique, aurait connu.

Pour M. Alfred Randal, alors qu'il descendait les marches de la résidence de Mme Beaufort sur l'avenue, le monde était désormais une vaste arène dans laquelle il entrait , armé et fait chevalier avec les couleurs de sa dame sur son casque. Son cœur battait fort dans sa poitrine. Il serait un facteur dans les grandes affaires ; l'heure viendrait où il reviendrait, croyance passée célèbre et riche, annoncée par les hérauts. Il ne pouvait pas savoir qu'il n'était qu'un autre personnage de ce doux vieux conte de fées que les hommes et les femmes se sont efforcés de jouer encore et encore avant d'apprendre avec une muette horreur à quel point les voies de la Providence sont impitoyables et pratiques.

Mais le sage qui accompagne le jeune homme jusqu'à l'entrée de l'arène ne dira pas : « Demain, les circonstances vous feront tomber de votre cheval et vous fouleront aux pieds, et au lieu de revenir vainqueur, vous reviendrez infirme. » Bien que le sage sache très bien que de tous les résultats, ce dernier est le plus probable, il ne le dira pas, parce que l'enthousiasme de la jeunesse est une puissance merveilleuse , difficile à estimer, et ce qu'il peut accomplir, personne ne peut le dire.

Le Gouverneur n'avait pas revu cette jeune femme après cette nuit, mais il s'était accroché à son intention avec la détermination d'un homme qui n'a qu'un but dans la vie. Une correspondance intermittente avait été entretenue, mais après des années, cette intention d'épouser Miss Lanmar était devenue plutôt un idéal, et cela comportait un péril. Mais quelques semaines auparavant, il avait vaguement laissé entendre qu'il était désormais une personne d'une certaine importance locale et avec des perspectives de richesse non négligeables, et à cela Miss Lanmar avait laissé entendre tout aussi vaguement qu'elle attendait. Mais dans tout cela, il semblait y avoir un doute puissant, quoique quelque peu indistinct. Les années avaient passé, et les années avaient eu pour effet de provoquer des changements effroyables chez les gens. La Miss Lanmar d'aujourd'hui ne pouvait pas être l'écolière qu'il avait connue.

L'Exécutif s'appuyait en arrière sur le siège du petit car étouffant et spéculait avec une grave inquiétude. Quoi qu'il en soit, cette alliance était désormais tout à fait impossible. Des complications avaient été introduites; un devoir, ou ce qu'il concevait être un devoir, était survenu, et il n'avait pas l'intention de se soustraire à ce devoir.

II

Le gouverneur descendit gravement la longue plate-forme d'El Paso, levant les yeux vers les fenêtres des Pullman, se demandant, assez indistinctement, comment il pourrait reconnaître la princesse irisée de sa jeunesse romantique. Un porteur noir lui toucha le bras et lui demanda s'il était le gouverneur Randal. L'exécutif répondit par l'affirmative, sur quoi le nègre annonça avec une profonde révérence que Miss Lanmar attendait dans le salon du Pullman d'en face.

Le gouverneur monta les marches du carrosse. A son entrée, une jeune femme, vêtue d'une robe de voyage sombre, s'avança à sa rencontre. Elle était de taille moyenne, avec d'épais cheveux bruns, de beaux yeux, des sourcils arqués et un nez tout à fait impeccable. Mais le grand charme de cette femme résidait dans son maintien splendide et sa culture instinctive.

Alfred Randal ne parvint jamais à se rappeler exactement comment cette réunion avait commencé. Il se souvenait avec précision de la première photo de cette femme superbe alors qu'elle se levait pour le saluer, mais alors, à ce moment-là, l'amour de sa jeunesse qui avait semblé dormir sous anesthésie pendant tant d'années, se réveilla soudain dans une vie glorieuse, et jaillit dans son cœur et envahit ses sens de sa merveilleuse vitalité. Ce qui s'est passé par la suite était d'une manière provocante et indistincte. Il se souvient avoir été présenté à la tante, Mme Beaufort, et de son étonnement et de sa question incrédule de savoir s'il vivait dans ce « terrible pays » à laquelle il avait répondu qu'on ne pouvait pas dire qu'il vivait, mais que c'était son partie d'exister dans cette terre plutôt primitive. Il se souvenait que tous trois étaient assis ensemble dans le salon du carrosse et parlaient de son retour à New York, de son ultime succès et de son avenir assuré. Il se souvint aussi que pour le moment il avait oublié les graves difficultés que présentait un tel avenir et la décision sévère qu'il avait prise quelques minutes auparavant. Il se rappelait aussi que, tout au long de tout cela, il avait été très stupide, très sûr de lui et idiotement heureux, et qu'au moment de se séparer, il avait embrassé la main de Miss Lanmar et rougi comme une écolière, puis avait sauté du train en marche au risque de perdre la vie. sa vie.

Le gouverneur se tenait sur le quai et regardait le grand train qui s'éloignait au loin. L'entretien qui venait de se terminer, bien qu'apparemment irréel, l'avait sorti de l'emprise d'une illusion qui avait rendu sa vie dans le grand Sud-Ouest supportable, voire heureuse. À partir de ce moment-là, cela ne pourra plus jamais être ce qu'il a été. L'homme se sentait comme quelqu'un qui, après avoir été captif dans un cachot si longtemps qu'il en était à moitié content, et que ses souvenirs du monde étaient devenus vagues et irréels, est soudainement et sans avertissement élevé au soleil du grand monde glorieux et retenu. là jusqu'à ce que son cœur soit rempli d'ivresse par la beauté de tout cela, puis, impitoyablement et instantanément, il est rejeté dans l'obscurité sans rayons de son cachot.

Randal resta un moment à regarder les rangées de lumières tamisées éparpillées autour de la gare comme de lugubres lucioles. Puis il se dirigea vers le train de marchandises sur lequel il devait revenir et monta dans la cabine avec le chauffeur.

« À quelle heure allons-nous arriver ? » Il a demandé.

"D'ici la fin de la nuit, gouverneur, si nous avons de la chance", répondit le conducteur en ouvrant les gaz.

Le moteur reniflait et roulait dans le noir comme une énorme bête. Le gouverneur s'est assis à la fenêtre de la cabine et a regardé dehors. L'air de la nuit était doux et frais, son visage était brûlant. Deux heures auparavant, il avait décidé ce qu'il devait faire et avait laissé tomber l'affaire ; mais des éléments nouveaux et puissants étaient apparus et lui ordonnaient de répéter et de décider à nouveau.

Ambrecrombie Hergan avait perdu et gaspillé l'argent de l'État. Il y avait maintenant un déficit dans ses comptes d'environ cinquante mille dollars. Il n'y avait aucun moyen de compenser cette perte à moins que Randal ne la paie, et pour ce faire, il lui prendrait tout ce qu'il avait sur terre. Cela signifierait le sacrifice de ses actions minières, qui, si elles étaient détenues, promettaient de gros rendements. Ce serait la ruine, la ruine totale, que de réparer la perte ; pourtant le joueur, bien que joueur, était son ami, et deux heures auparavant, il n'avait pas hésité du tout.

Des motivations, des motivations puissantes et égoïstes, qu'il avait jusqu'alors repoussées, surgirent maintenant en réclamant à grands cris d'être entendues, hurlant à maintes reprises contre sa décision, le temps de montrer le bien-fondé de leur cause, sa sagesse, sa justice ultime. . Quelque chose lui demandait à peu près de quel droit il avait mis en péril l'avenir de cette femme qui l'aimait. De quel droit avait-il la tromper, la sacrifier ? Qui était Hergan pour qu'il soit considéré contre cette femme ? Qui, sinon un aventurier téméraire et imprévoyant ? Ce n'était pas son propre bonheur qui poussait quelque chose ; ce ne serait qu'une question de peu de temps. C'était le bonheur d'un autre, et cet autre était vrai, innocent de tout mal, extrêmement juste. Quel contraste peut-on établir entre la femme et ce joueur ? Devoir? Quel devoir pouvait-il avoir envers l'irresponsable Hergan qui pourrait s'approcher le moins du monde de la mesure du devoir qu'il avait envers la femme qui lui avait fait confiance pendant tant d'années, l'avait attendu et l'aimait ?

Pourtant, face à tout cela, certaines images du passé surgissaient , vives, proclamant une vérité puissante, une vérité que l'homme connaissait et reconnaissait dans son cœur, la vérité que si ces positions étaient inversées, Hergan , tout joueur qu'il fût, n'hésitez pas un instant. Avait-il hésité ce matin-là dans le Rio Grande lorsque le cheval de Randal était tombé et était emporté par le courant, portant son maître sous lui, emmêlé dans la sangle de l'étrier ? Avait-il hésité lorsqu'il était devenu nécessaire de voler et de brûler délibérément les faux bulletins de vote dans le comté de Garfield, alors que cela ressemblait à un suicide délibéré ? Avait-il hésité lors de cette terrible journée sur le Rio Sonora, où il n'y avait pas de temps pour avertir, mais seulement le temps de bondir et de prendre le couteau dans son épaule ? Cet homme avait-il déjà hésité lorsque le bien-être de Randal était en jeu ? Ne renoncerait-il pas volontiers et sans commentaire à sa vie demain si le gouverneur le lui demandait ?

Le gouverneur passa la main sur son front et ferma les yeux. Lorsqu'il les a ouverts , il avait pris une décision, et cette seconde décision ne devrait plus faire l'objet d'aucun appel ni d'une nouvelle audience.

III

Le secrétaire d'État était bien loin de l'ordinaire. Il faisait partie de ces personnes assez rares que les hommes sont tout à fait incapables de classer. Parfois, il s'élevait bien au-delà des limites fixées par ses associés, et parfois il tombait bien en dessous. Il y avait chez cet homme une sorte de réserve indéfinie qui impressionnait ses camarades et inspirait confiance dans ces positions exigeant des mouvements téméraires et apparemment impraticables. D'ordinaire, dans les affaires banales, son jugement n'était pas considéré comme solide, ni même précieux, et dans de tels moments personne n'aurait songé un instant à consulter cet homme. Ce n'est que lorsque le bon sens ne voyait aucune issue que la machine a séduit Hergan , et dans de tels moments, il s'est lancé dans une aventure bizarre, terriblement périlleuse, jamais ordinaire et jamais tout à fait un échec.

Cependant, le succès ne provenait généralement pas de la sagesse ultime des plans d'Hergan , mais du fait que son geste unique jetterait l'affaire dans une sorte de convulsion résultant en une nouvelle situation, et cette nouvelle situation le bon jugement de ses semblables. généralement être capable de contrôler. Le conseil d' Ambercrombie Hergan était un agent protéiforme.

Le vice grave du caractère du secrétaire d'État résidait dans le fait qu'il n'avait aucune idée de perspective. Il parierait son dernier dollar avec la même insouciance joyeuse avec laquelle il avait parié le premier, et il aurait misé tout le Sud-Ouest, s'il le possédait, aussi facilement qu'un peso mexicain, au tour d'une carte ou au résultat d'un match. une course de chevaux. Quant aux antécédents de l'honorable Ambercrombie Hergan , même les conjectures étaient silencieuses. Il était venu d'un substrat mystérieux de New York, pour quoi et pour quelle raison personne ne lui a demandé. Cette puissante nouvelle terre n'a fait l'objet d'aucune trace et n'a posé aucune question. L'arène était ouverte, les portes rabattues. N'importe quel combattant qui le voulait pouvait entrer. Qu'on l'annonce ou non, cela n'avait pas d'importance. Bon ou mauvais, érudit ou ignorant, de sang rustre ou de lignée princière, cela n'avait pas d'importance. S'il était le plus en forme, il pourrait gagner.

De ce défaut organique de sa constitution mentale, et non d'une mauvaise animosité, était résulté le triste état des comptes du secrétaire. Il n'avait jamais pleinement apprécié la distinction importante entre son propre argent et celui qui appartenait au Commonwealth. Il avait été irréfléchi, imprudent, indifférent, jusqu'à présent, il était désespérément impliqué. Pourtant, même à ce stade, alors que son mandat touchait à sa fin, il n'a pas compris la gravité de sa position et a traité la question avec une insouciance bon enfant, comme si de rien n'était.

Le vérificateur et le secrétaire d'État étaient assis ensemble dans la bibliothèque du gouverneur en attendant son retour. En apparence, l'Auditeur était un petit homme musclé, d'une vitalité merveilleuse , avec une moustache blanche et féroce, et une collection de serments surannés et de phrases semi-dramatiques extrêmement expressives et parfois artistiques ; tandis que l'honorable Ambercrombie Hergan était très grand et très large, avec une touffe de cheveux noirs épais, de larges mâchoires et un gros nez tordu. Dans sa jeunesse, ce nez avait été droit, mais une nuit, dans un bar du Bowery, une divergence d'opinions était apparue sur une question sans importance, et par la suite, le nez du joueur avait pris un contour non envisagé dans le dessin original.

Le major parlait et frappait vigoureusement sur la table, lorsque le domestique chinois entra avec un plateau et des verres. Le Virginien se redressa et recula de table.

« Eh bien, Bumgarner, dit-il, je salue votre résurrection ; Je me glorifie de ton retour à la vie. Vous êtes mort depuis longtemps, monsieur.

Le Chinois répondit qu'il s'était lancé dans une recherche laborieuse mais infructueuse de la bouteille d'Angostura bitter.

"Amers Angostura?" s'écria le major, merveilleux et impénétrable païen ! Daignez-vous révéler la raison pour laquelle vous avez besoin des bitters Angostura ?

Le Céleste répondit qu'il présumait que l'amer était un élément requis pour la boisson plutôt mystérieuse qu'on lui avait demandé de préparer.

« Écoutez-le, écoutez-le ! tonna le major, comme s'il s'adressait à quelque démon vengeur présent mais invisible ; « écoutez le vandale ! Des amers dans un julep ! Nuance puissante et intelligente de Simple Simon ! Soyez attentif et observez la bêtise de ce sauvage ! » Puis il s'avança vers le Chinois étonné et le prit doucement par le col.

« Bumgarner, dit-il doucement, vous êtes un effroyable exemple de négligence humaine. Vous avez été formé par un Yankee du Massachusetts. Ergo, votre manque de connaissances est sublime. Des bitters que vous pourriez mettre dans un gin fizz plébéien, et être heureux par la suite. Des bitters que vous pourriez mettre dans une boule de whisky et vivre ensuite. Mais des bitters dans un julep, *magnum sacrum !* les dieux t'écraseraient ! Bumgarner, vous êtes une terrible erreur lancinante, et vous avez échappé de manière providentielle à la mort. Maintenant, continua le major en saisissant le Chinois par l'épaule et en le tournant vers la porte, vous pouvez partir, brûler quelques bâtons d'encens et méditer sur mes remarques.

Le Céleste aux yeux en amande disparut, se demandant vaguement s'il n'avait pas mieux valu rester à San Francisco et laver des chemises dans une cave plutôt que de tenter de satisfaire le goût dépravé de ces diables étrangers aussi incompréhensibles.

"Maintenant, Bill," continua le major en s'asseyant à table, "je veux savoir ce que vous allez faire."

"À propos de quoi?" demanda le joueur.

— De cet argent que vous devez à l'État, dit le major. « Réalisez-vous, monsieur, que notre stand dans le Sud-Ouest est sur le point de fermer et que nous devons nous retirer et nous retirer ?

"Je le pense", répondit le joueur, comme si cela n'avait aucune importance.

« Vous pensez bien ! Espèce de cheval de camion irresponsable ! Vous pensez bien ! renifla le major. "Vous cesserez de vous adonner au passe-temps délicat de la spéculation lorsque vous aurez une chaîne de bois sur votre jambe et un costume rayé sur votre dos."

Le secrétaire d'État a ri. « Quelque chose va se produire », a-t-il déclaré.

" Ambercrombie Hergan , dit le major en frappant la table avec sa main, pour une vache-poney de Satan brisée, marquée et qui souffre depuis longtemps, vous avez la foi presbytérienne la plus aveugle et la plus prodigieuse en la Providence de toutes les créatures blanches qui se promènent au sud du pays. Chemin de fer du Pacifique Central ; mais vous bluffez cette main, et je vais vous suivre.

Le visage du joueur devint sérieux. "Pourquoi insistes-tu, Ned ?" Il a demandé.

L'auditeur se pencha en avant sur la table. « Vous envisagez de vous échapper, » dit-il, « et cela ne se produit pas. »

"Est-ce que ça te ferait du mal, à toi ou à Al ?" demanda anxieusement le joueur.

L'auditeur tendit la main et posa sa main sur le bras d'Hergan . « Cela ne me ferait pas de mal, » continua-t-il, « et ce ne serait pas un os si cela se produisait, mais cela blesserait le garçon, et il ne faut pas qu'il soit blessé. Ne savez-vous pas qu'à votre départ, Randal sacrifiera tout ce qu'il possède et comblera le déficit ? Et cela le ruinerait.

Le visage du joueur s'allongea. « Je n'y avais pas pensé, » dit-il lentement, « mais tu as raison, il ferait ça. C'est ce genre d'homme. J'ai été un imbécile, un imbécile infernal, mais je n'ai pas pensé que le garçon serait blessé, pas une seule fois. L'homme serra les dents et les gros muscles de ses mâchoires se gonflèrent.

L'auditeur s'assit et observa l'homme en face de lui, et admira son courage de fer dans la terrible lutte pour décider entre lui et le bien-être de son ami. L'homme souffrait visiblement. Son visage le montrait clairement ; la bataille doit être âpre. Le vérificateur se demandait quel résultat cela donnerait. Il avait pitié de cet homme et, malgré tout, il espérait à moitié qu'il déciderait de se sauver.

Bientôt, le joueur se tourna lentement et releva son visage, blanc, hagard, dix ans de plus qu'il ne l'était une heure auparavant.

« Je ne vois pas comment l'en empêcher, » marmonna-t-il ; "Je ne vois pas comment."

L'auditeur commença. Cet homme ne pensait pas du tout à lui-même.

« Vous voyez, » continua Hergan . « Il me manque environ cinquante mille dollars, et il n'y a aucun moyen de réunir autant d'argent, pas moyen dans le monde de Dieu. Si je glisse sur le Rio, Al le paiera pour les empêcher de m'extrader ; et si je reste ici, il le paiera pour les empêcher de m'envoyer au Pen. C'est le propre piège du diable, et cela fonctionne dans les deux sens.

« Qui a eu l'argent, Bill ? » » a demandé le vérificateur.

« Crawley et le vieux Martin, de la Golden Horn Mining Company. Crawley en a obtenu la majeure partie.

« Un fléau de gros vieux joueurs », dit solennellement le major ; "Ils sont tous deux aussi riches que méchants, et aussi méchants que véreux."

A ce moment la porte s'ouvrit et le gouverneur entra.

IV

L' Exécutif s'arrêta un instant et scruta ses visiteurs d'un air interrogateur ; puis il a ri. « Puis-je demander, messieurs, d'où vient cette tristesse ?

L'auditeur s'inclina profondément. « Bon monsieur, dit-il, Votre Excellence ne parvient pas à faire la distinction entre la tristesse et la gravité des sages. »

« Si les funérailles, répondit le gouverneur, sont une condition *sine qua non* de la conversation des sages, alors il y a eu ici cette nuit un grand motif d'envie de la part de Salomon, fils de David, roi d'Israël ; car je n'ai pas rencontré une telle tristesse dans un monde aux jours mauvais.

" Et, monsieur, " répondit l'auditeur en agitant la main comme un roi barbare, " si le manque de respect pour la dignité de celui qui réfléchit est un symptôme d'un défaut mental organique, alors il y a maintenant ici, en vérité, de grandes raisons d'envier. de la part de Wamba, le fils de Witless, le fils de Weatherbrain . Car une telle impudence aimable est merveilleuse à contempler.

« Les garçons, » dit le joueur en se levant, « si vous voulez bien descendre des nuages, je vous serais très obligé, car j'ai quelque chose à dire, et c'est le moment aussi bien pour le dire que pour vous. n'importe lequel."

Le vérificateur reprend sa place à la table. Le gouverneur prit une chaise, la recula délibérément dans l'ombre de la pièce et s'assit.

«C'est comme ça», continua le joueur, «nous sommes tous les trois restés longtemps ensemble et je suppose que nous nous connaissons assez bien. Nous n'avons pas prêté serment de nous soutenir les uns les autres lorsque nous avons commencé, mais je pense que c'est ce que nous avions prévu de faire. Quoi qu'il en soit , c'est ce que nous avons fait. Si nous ne l'avions pas fait, nous n'aurions pas été très bien dans ce sud-ouest. Je n'avais aucune confiance dans la machine d'Al lorsqu'elle a démarré ; Je pensais que c'était une chasse à l'oie sauvage, mais je n'ai rien dit, car je n'avais rien à perdre. J'étais fauché et tout ce qui arrivait à moi était du pur velours, alors j'ai rejoint le groupe et je suis venu ici.

« Depuis cette époque , nous avons connu des hauts et des bas, si tant est que les créatures de Dieu en aient jamais connu . Nous avons beaucoup menti, et nous en avons volé, et nous sommes morts de faim la plupart du temps, et nous avons été pauvres, misérables et fauchés, mais nous avons joué loyalement les uns envers les autres, et nous n'avons jamais empilé le peloton ni traité par le bas. Puis, un jour, la chance a tourné et nous avons gagné à grande échelle, comme c'est toujours le cas si vous restez assez longtemps et continuez à doubler la mise. Vous avez été élus tous les deux et Al m'a nommé.

« Je pense qu'aucun d'entre nous n'oubliera l'enfer que cette nomination a provoqué. Ils ont dit que j'étais un understrapper ignorant, un joueur de cartes courtes et un érudit. élément; et c'était vrai, chaque mot épanoui. Puis les journaux se sont lancés dans Al ; ils disaient qu'il fallait espérer que le nouveau gouverneur aurait désormais « le courage moral de supprimer au moins le membre louche de sa machine » — ce sont les mêmes mots ; Je ne les oublierai jamais , et ils pensaient pour moi.

« Je suppose que je suis allé vous voir, les garçons, et vous ai dit que je ferais mieux de rester à l'écart, mais je pense que je n'ai pas présenté un cas très difficile, parce que j'étais chaud dans la dispute. Je m'en fichais si les hurleurs avaient été de meilleurs hommes que moi, mais je savais qu'ils étaient tous du même genre de bétail : des bœufs sans marque, épars, rassemblés partout sauf dans un bon endroit. Quant à être louche, il n'y avait pas un homme entre les Gila et les Pecos assez blanc pour passer un grand jury de l'Est, et quant à être un joueur, il n'y avait pas un fils de mère du groupe qui ne le ferait pas. aurait mis son âme en argent sur un black jack si la banque l'avait encaissé pour un dollar.

Hergan s'arrêta un instant et regarda l'Auditeur. Puis il a ajouté : « Sauf bien sûr, toi et Al. »

« Puis, poursuivit le joueur : « Je suppose qu'Al s'est mis en colère. Il fit un petit discours ; nous étions tous là, et c'était une très bonne conversation à entendre. Il a dit qu'il n'y avait pas eu de « distinctions odieuses » - c'étaient ses mots - pendant toutes les années où rien ne nous était arrivé si ce n'est une dose de malchance après l'autre jusqu'à ce que nous considérions qu'il n'y avait pas de Dieu à l'heure actuelle. du moins, s'il y en avait, il n'opérait pas au sud de la Central Pacific Railroad, et maintenant que nous avions finalement atterri sur nos pieds, il n'y aurait plus de « distinctions odieuses ». Je dois dire que cela m'a semblé très agréable d'entendre Al parler comme il l'a fait, et je l'ai laissé me nommer.

Le secrétaire d'État se rapprocha un peu de la table et une ombre presque imperceptible passa sur son visage. « Tout le temps, a-t-il poursuivi, je savais que c'était mal. Je savais que ce que disaient les salopards était de l'évangile. Je savais que je n'étais pas fait pour ce poste, pas plus qu'un Chinois n'est bon pour un pape. Je savais que le joueur en moi était profondément ancré, et que l'autre n'était qu'effleuré à l'extérieur, et que la partie joueur allait diriger les choses, – et c'est ce qui s'est produit.

L'homme s'arrêta un instant et se tourna vers le gouverneur. « Maintenant, dit-il, j'en suis arrivé au point, et c'est ceci : je suis entré dans ce trou et je vais en sortir ; c'est mon jeu maintenant ; Je ne supporterai aucun pari parallèle. Vous devez tous les deux me promettre ici même de ne pas toucher à cette affaire, dégagez-vous, à moins que je vous dise que cela est résolu.

Le joueur s'arrêta, posa lourdement ses bras sur la table et regarda ses compagnons. Le Virginien et l'Exécutif se taisaient ; les deux hommes comprirent pleinement la véritable portée de la demande d'Hergan . Il cherchait à empêcher tout sacrifice de leur part ; c'était tout, et s'il avait été le diplomate le plus habile du monde, il n'aurait pas pu agir avec plus d'adresse.

Le gouverneur leva les yeux vers le visage massif du joueur, gâché par les mauvaises circonstances et l'émeute de la dissipation, et s'étonna – comme il s'était demandé bien des fois auparavant – du splendide altruisme de cet homme. D'où aurait pu venir cette fleur de noblesse ? La vie d' Ambercrombie Hergan avait en effet été un sol stérile pour une telle plante. Comment se fait-il que, dans l'économie des hommes, une telle fidélité princière puisse s'obtenir seule, même sans trace des vertus communes qui l'accompagnent ?

Pour les obligations de la loi Ambercrombie Hergan n'avait aucun respect. Il n'avait aucun respect pour les obligations du citoyen . Même pour les obligations communes de la moralité, il conservait la plus insouciance. L'honnêteté était pour lui un nom, et le droit, le devoir et l'honneur n'étaient pour lui que des noms. Pourtant, fleurir dans le jardin aride de ce cœur de joueur était quelque chose de plus beau que tous.

"Eh bien," demanda Hergan , avec une trace d'anxiété dans la voix, "tu vas promettre ?"

Le gouverneur se leva. « C'est une affaire très sérieuse, » dit-il lentement ; "Il faut nous donner quelques minutes pour décider."

" C'est assez juste", répondit le joueur. « Vous pouvez aller dans l'autre pièce. J'attendrai."

Le vérificateur et l'exécutif se retirèrent, et le secrétaire d'État reprit sa place à côté de la table, l'air d'un sourire sur le visage, sachant parfaitement que s'il pouvait obtenir la promesse de ses compagnons , elle resterait inviolable.

Bientôt, la porte s'ouvrit et les deux hommes entrèrent. « Bill », a déclaré le gouverneur, « nous le promettons ».

Le joueur se leva et étendit ses longs membres comme s'il était soulagé du poids d'un fardeau écrasant. Puis il se tourna vers ses compagnons. "Les garçons," dit-il presque gaiement, "autant vous dire maintenant que je pars à New York samedi soir."

"Et je puis ajouter", répondit le gouverneur, "que j'y vais vendredi soir."

V

Vous voyez, disait le gouverneur, la faillite de cette banque à San Francisco a anéanti chaque centime que j'avais dans le monde. Le quatrième jour du mois de mars prochain , je serai plus pauvre qu'un charretier ordinaire. Si pauvre qu'il faut tout recommencer, et je n'ai pas le cœur de le faire.

Miss Marion Lanmar restait silencieuse. Ses bandes reposaient sur les grands buts du fauteuil dans lequel elle était assise. Son visage aurait pu être moulé ; c'était tellement immobile.

— Cela ne me dérangerait pas si ce n'était pas pour vous, poursuivit le jeune homme. « Je veux dire, » il hésita un instant, « si je ne vous avais jamais vu ; si je ne t'avais jamais connu. Mais maintenant, cet effort semblerait si misérablement insuffisant s'il n'était pas fait pour vous. Je t'ai aimé et j'ai vécu pour toi trop longtemps. Je me suis habitué à vous comme à un puissant stimulant. Chaque chemin que j'ai parcouru vous a fait attendre à la fin. Chaque bataille que j'ai menée semble maintenir votre bonheur en équilibre. Même les maigres gains de tous les jours ennuyeux et ordinaires n'ont été pour moi que si peu ou si peu ajoutés au royaume de la reine. J'aurais donc pu aller jusqu'au bout, mais maintenant, sans toi, je n'ai plus de cœur du tout.

L'homme se pencha et posa son bras sur la tablette de la cheminée. « J'ai lu quelque part, continua-t-il, comment le méchant démon s'efforçait de détruire un homme qu'il haïssait ; comment il lui a volé sa richesse, ses amis, sa juste renommée, et comment l'homme a continué à travailler, riant au visage du démon, et comment tout a échoué, jusqu'à ce qu'un matin, le démon maléfique descende dans le cœur de l'homme et lui arrache le motif de sa vie, puis l'homme a jeté ses outils et est venu s'asseoir sur le seuil de son magasin. Je suppose que c'est très lâche de parler comme je parle, mais ce serait bien pire, je pense, de me tromper moi-même et de vous tromper. La femme ne répondit pas. Elle regardait le feu. Les petites flammes bleues de la grande cheminée dansaient de haut en bas sur leur lit de charbon dans une gaieté espiègle face à tous les ennuis de la vie des hommes.

Bientôt, l'homme recommença. « Pourtant, une femme ne peut pas toujours attendre, dit-il, et je n'ai pas le droit de vous le demander. Je dois me retirer de ta vie et implorer qu'on l'oublie. C'est une épreuve terrible pour celui qui est descendu dans la *mêlée* avec les couleurs de sa dame sur son casque, d'en revenir battu et renversé et de dire : « Cette quête n'est pas pour moi. Il est difficile de perdre l'espoir de vivre et de continuer à vivre dans le monde, et pourtant les hommes le font, et je présume que je le ferai.

« On nous enseigne dans notre jeunesse que le monde est un endroit heureux, et je considère que c'est un peu une illusion, comme le lutin noir et les fées, et pourtant nous essayons tous très fort de croire aux vieilles histoires de ménagères et nous nous accrochons à elles. et les abandonne à contrecœur et avec regret. Je me souviendrai toujours à quel point j'ai été désolé lorsque j'ai réalisé pour la première fois qu'il n'y avait vraiment pas de fées. Je n'étais qu'un enfant, mais cela m'a rendu malheureux pendant des jours. Cela a semblé dérégler tous mes calculs. C'est pourquoi j'ai toujours cru que le bonheur existait dans le monde et qu'il arrivait aux hommes quelque part dans leur vie, à peu près comme la belle princesse dans les contes de fées. Il ne m'est jamais venu à l'esprit de douter de sa venue. Il est vrai qu'elle n'est jamais venue, mais tout ce qui s'est produit ne semblait que préparer la voie à sa venue un jour plus tard. Maintenant, je vois que ce n'est qu'une illusion comme les autres, et j'avoue que cette découverte m'a effroyablement bouleversé.

La voix de l'homme hésita un instant ; puis il est devenu plus fort. « Je ne vois pas vraiment comment le monde pourra un jour paraître magnifique après cette nuit. Le ciel est peut-être très bleu, mais l'homme dont les yeux font mal ne lèvera pas les yeux pour le voir. Les oiseaux peuvent chanter magnifiquement dans les arbres, mais l'homme dont le cœur est une maison vide ne s'en souciera pas du tout.

Randal s'arrêta et baissa les yeux sur la femme. Il remarqua à quel point ses cheveux bruns étaient doux et lourds, et à quel point ses mains étaient délicates et fines. Il remarqua vaguement aussi l'effet artistique des plis de sa robe et des ombres de son visage.

« Marion, dit-il, si je ne t'aimais pas plus que toute autre chose au monde, je n'opposerais pas ces âpres arguments contre mon propre bonheur. Je ne serais pas si désespérément inquiet pour votre bien-être. Je ne devrais pas avoir si peur de l'avenir. Je devrais tenter ma chance sans hésiter un instant. Mais la profondeur même de mon amour fait de moi un lâche. Je ne pourrais pas supporter de vous voir soumis à tous les maux qui accompagnent la pauvreté. Je sais à quel point c'est une situation épouvantable, comment elle écrase la douceur et la noblesse de la vie, comment elle serre le cœur, jour après jour, jusqu'à ce qu'elle devienne finalement une enveloppe sèche dans la poitrine.

La voix de Randal était maintenant pleine d'émotion. « Marion, dit-il, tu m'entends ? Est-ce que tu me crois?"

Les mains de la femme se resserrèrent sur les grands accoudoirs du fauteuil, et pendant un moment elle resta silencieuse ; puis elle se mit à parler lentement et distinctement.

"Je ne sais pas." dit-elle. « Je dois avoir le temps de réfléchir. Pourtant, je t'ai cru toutes ces années. Je dois te croire maintenant. Oui, je te crois maintenant. Mais vous avez tort, terriblement tort. Vous oubliez qu'une femme est un être humain avec un cœur. Vous pensez que j'ai peur du monde, peur de la pauvreté, peur de la vie telle que Dieu la fait, telle que Dieu la veut ; que je suis quelque chose de fragile que la pluie et le soleil ruineraient s'il le touchait ; que je suis quelque chose de plus ou de moins que toi, quelque chose qui requiert de l'aisance, du luxe et tout le décor doré de la richesse – et tu as tort. Si je t'aime, quelle valeur ont pour moi toutes ces autres choses sans toi ? Si je t'aime, ce ne sont pas toutes ces choses que je veux, c'est toi. Je vous demande de répondre à cette question, et par ce qui est vrai dans votre cœur, sachez ce qui est vrai dans le mien : Seriez-vous heureux avec tout ce que la richesse peut vous donner et sans moi ?

« Non, » dit l'homme, « pas après ce soir. Non."

"Je ne le ferais plus", a ajouté la femme.

Le cœur, comme on dit, lui parle plus clairement lorsque les langues se taisent, et on dit que le chagrin et le bonheur, lorsqu'ils montent haut dans leur méridien, n'ont pas besoin du langage encombrant.

Après un long silence, Miss Lanmar recommença. « Les hommes ne peuvent pas comprendre », dit-elle ; « Le cœur d'une femme est si misérablement étrange. Soit les choses glissent autour sans laisser de trace, soit elles s'enfoncent et deviennent partie intégrante du cœur même de la femme. Il n'y a pas de juste milieu; pas de demi-joie ; pas de mal au milieu. Il en résulte que si l'image d'une personne s'insinue dans son cœur, elle doit rester. Il est vrai que le monde ne le saura peut-être jamais ; le monde est très stupide. Mais pour autant, le cœur de la femme gardera son locataire, et lorsqu'elle sera seule ou dans le noir, elle connaîtra et ressentira sa présence. Il se peut que la femme prie pour se débarrasser du mal, ou il se peut qu'elle prie pour le considérer toujours comme un don de bien, mais quoi qu'il en soit, le cœur de la femme restera à jamais impuissant à l'expulser. son locataire.

« Est-ce donc étrange, si je vous aime, que je veuille aller avec vous et vivre avec vous, et être toujours avec vous, et faire de vos joies et de vos fardeaux mes joies et mes fardeaux, et avoir une part et une part ? intérêt pour tout ce qui vous vient ? Est-il étrange que je puisse tenir pour rien contre vous la richesse, la position ou même l'honneur ? Est-il étrange que je sois malheureux, complètement, totalement malheureux pour tout le reste du monde, et que vous ayez nié ?

La voix de la femme vacilla et se brisa ; ses mains se détendirent et commencèrent à glisser des grands accoudoirs du fauteuil. L'homme s'est approché, s'est agenouillé à côté d'elle et l'a entourée de ses bras.

« Marion, mon cœur, dit-il, tu m'aimes. Tu me feras confiance un petit moment, juste un petit moment ?

La tête de la femme glissa sur son épaule. "Je t'aime!" elle murmura : « Je t'ai toujours aimé. Sûrement, je t'aimerai toujours. Mais quand tu es parti, le monde est si vide, si misérablement vide !

VI

J'apprécie TOUT à fait tout ce que vous avez mentionné, M. Hergan », a déclaré le greffier Parks, « mais c'est tout à fait impossible. M. Mason est totalement inaccessible. Je n'oserais pas l'interrompre.

«Regarde ici, mon ami», répondit le joueur. « J'ai entendu ce même discours tous les jours depuis une semaine, et cela ne dure plus. Je dois voir cet avocat, et je dois le voir maintenant. Est-ce que tu me comprends?"

— Oh ! oui, répondit le greffier avec un léger sourire, je vous comprends parfaitement, mais il est tout à fait inutile d'insister davantage. Les affaires dans lesquelles M. Mason est actuellement engagé sont d'une grande ampleur. Il ne permettrait pas du tout une entrevue. Je suis vraiment désolé, mais bien sûr, je ne peux rien faire pour vous.

Le joueur n'a pas répondu. Pendant quelques instants, il resta silencieux. Puis il mit ses mains dans la poche intérieure de son manteau et en sortit un portefeuille en cuir un peu cabossé. Il tint le portefeuille sous la table, l'ouvrit lentement, et sélectionnant un billet de cinquante dollars parmi un certain nombre d'autres, il le posa doucement sur la table.

« Voilà, dit-il, ma mise. Je veux participer au jeu. »

Les yeux du commis commencèrent à se contracter lentement aux coins.

« Mon cher homme, dit-il, j'aimerais faire cela pour vous, mais je ne vois pas comment je pourrais le faire. Je ne crois même pas que M. Mason m'écouterait à l'instant. Je ne sais pas--"

« Attendez », répondit le joueur ; "Je l'adoucisse."

Là-dessus, il prit un autre billet dans son portefeuille et l'étala soigneusement l'un à côté de l'autre sur la table.

Le petit employé chauve se mit à tambouriner sur la chaise avec ses doigts. Ses yeux allèrent de l'argent à la porte du bureau privé de Mason, et vice-versa. Bientôt, il se tourna vers le joueur.

Le député. Ambercrombie Herman a levé deux doigts. "N'appelez pas", a-t-il dit, "je l'incline à cent cinquante." Et il ajouta une autre facture aux deux et poussa l'argent sur la table jusqu'au greffier. Puis il ferma délibérément le portefeuille et le remit dans son manteau.

Parks se leva, récupéra l'argent sans un mot et entra dans le bureau privé de Randolph Mason, fermant soigneusement la porte derrière lui. Peu de temps après, le greffier revint. Il s'approcha du joueur et lui posa confidentiellement la main sur l'épaule.

« Mon ami, dit-il à voix basse, vous n'êtes pas un imbécile. J'ai menti pour t'obtenir cette interview. Ayez l'air vif et dites le moins possible.

"Quels mensonges?" » demanda le joueur en se levant.

« Ceux qui étaient utiles », répondit le greffier. « Bien trop fastidieux à énumérer. Veuillez entrer dans le bureau de M. Mason, monsieur, et rappelez-vous que vous êtes mon beau-frère. Répondez aux questions qui vous sont posées et ne parlez pas volontairement. Ce n'est pas sage.

Le joueur a ouvert la porte du bureau privé de Randolph Mason et est entré.

VII

S.E. le secrétaire d'État descendit lentement les marches du bureau de Randolph Mason. A l'entrée du grand bâtiment , il s'arrêta et regarda de haut en bas la rue animée et bousculée. Cela ne faisait que quelques années qu'il n'était plus qu'un grain dans ce vortex, et maintenant ce passé semblait révolu. Il n'avait conscience de rien d'intéressant dans cette scène très familière. Pourquoi il s'était arrêté pour regarder, cet homme n'aurait pas été tout à fait capable de l'expliquer. En vérité, il s'efforçait de retrouver ses repères mentaux. Il avait été violemment projeté sur un autre point de vue, et il s'efforçait de comprendre le métier de ce nouveau pays. Ses sensations n'étaient pas sans rappeler celles de quelqu'un qui, une heure auparavant, s'était rendu dans la salle d'opération d'un chirurgien, marchant comme il le croyait jusqu'à la mort, et qui revenait maintenant avec la tumeur disséquée et l'espoir de vivre grand dans son sein. Le monde était complètement différent de ce qu'il avait été quelques heures auparavant, et les pas du joueur étaient plus fermes, et son ancien esprit insouciant était revenu.

A ce moment, comme le voulait le destin, un fiacre s'arrêta devant le bureau d'un courtier de l'autre côté de la rue, et le gouverneur en descendit. Le joueur s'élança et attrapa son compagnon par l'épaule. Le gouverneur se retourna brusquement.

« Eh bien, dit-il avec étonnement, est-ce un assaut *vi et armis ?* »

"Non", dit le joueur. « C'est pire que ça, Al. C'est un mandamus. Vous ne devez pas entrer dans le bureau de ce courtier.

"Ne pas entrer?" » a fait écho l'exécutif. "Pourquoi pas?"

"Al", dit le joueur, souriant comme une idole hindoue, "J'ai dit que c'était ici un mandamus. Je suppose que le juge n'explique jamais « pourquoi pas » dans un mandamus.

"Bon chancelier", répondit le gouverneur avec une fausse gravité, "je résiste à l'ordre."

« Pour quelle raison ? » dit le lion. Ambrecrombie Hergan , avec un air judiciaire aussi sage que celui d'un cheval de camion.

« Premièrement, répondit le gouverneur, que le mandamus a été accordé par imprévoyance. Deuxièmement, le tribunal délivrant le bref était incompétent. Et troisièmement, l'acte dont on cherche à restreindre n'est pas entièrement ministériel, mais relève largement du pouvoir discrétionnaire de l'officier.

"Toutes ces objections", a déclaré le joueur, "cette Cour les rejette."

"Mais", a poursuivi l'Exécutif, "dans ce cas, le mandamus ne peut pas mentir. Je propose d'annuler le bref.

"Mais elle ment", affirma le puissant dévot en passant son bras sous celui de l'Exécutif et en le repoussant dans la rue, "et elle ne peut pas être écrasée."

Le gouverneur avait remarqué le très grand changement chez l'homme, et connaissant l'honorable Ambercrombie Hergan , il savait que cette personne erratique avait trouvé par hasard une solution à son dilemme – étrange et à moitié pratique, le gouverneur n'en avait aucun doute, mais certainement pas banale, et il ne fit donc plus aucune offre de résistance.

"Al", dit le joueur en pressant son compagnon dans la rue bondée, "sais-tu où tu vas ?"

«Je n'en ai pas la moindre idée», observa le gouverneur avec la plus grande insouciance.

«Eh bien, je vais vous le dire. Vous allez d'abord à l'hôtel, puis à la voie ferrée, puis au sud-ouest, et vous n'avez que cinquante-neuf minutes entre vous et le train.

Le gouverneur s'arrêta net. « Je ne peux pas y aller, Bill. Je dois vendre ces actions.

"C'est justement le point", a déclaré le joueur. « Vous n'allez pas leur vendre des actions. C'est pourquoi j'ai émis ce mandamus ici. Et il saisit l'Exécutif par le bras et le traîna à travers la rue.

« Bill », protesta le gouverneur, « Bill, tout cela n'a aucun sens. Ça ne marche pas.

"Tout est permis", a déclaré le joueur. "Allez. Nous en avons perdu trois depuis cinquante-neuf minutes déjà.

VIII

L' Emporium de Crawley n'était pas tout à fait un lieu de commerce comme l'indique la racine grecque du mot, à moins que les transactions dans lesquelles les imprudents troquaient leurs gains contre de l'expérience et les grands non nettoyés du Sud-Ouest opposaient leur salaire à l'émeute de la dissipation, pourrait être considéré comme participant à la nature du commerce. C'était une mode chez Crawley d'affirmer que son Emporium était un centre d'échange d'informations, une plaisanterie plutôt sinistre, lourde de vérité. En effet, toute la monnaie de cette terre primitive semblait passer, tôt ou tard, par l'établissement gigantesque de First Class Crawley, et à saison et à contre saison selon le cours du dollar, une partie s'arrêtait et restait entre les doigts du propriétaire. . Et pour cela aussi, comme dirait le plaideur de common law, la vérité s'accrochait à la déclaration chérie de Crawley.

Lorsque la population se rassemblait nuit après nuit sous le toit de son Emporium, ses ennuis survenaient également ; et lorsque la fumée s'épaissit et que le whisky Tanglefoot commença à s'affirmer, il y eut autre chose à régler que les questions de monnaie. Les questions importantes et les questions sans conséquence ont été résolues par les mêmes mesures rapides et drastiques. Ici, les méchants décidaient qui était le pire ou le meilleur, car ils étaient satisfaits du terme. Les hommes de main des rois du bétail rivaux soumirent la question vexatoire d'un marquage sur une génisse égarée à ce tribunal de recours instantané et de décision rapide, et d'autres préoccupations du citoyen, affectant peut-être sa vérité, son honneur, ou sa capacité à exercer un vice, furent déterminées. soudainement et pour toujours, sans les querelles d'avocats ni l'ennui des tribunaux.

Si un Mexicain était assez myope pour glisser son couteau dans un pied sensible, quelqu'un tirait sur le Mexicain et la foule « se léchait ». Si le marchand de faro tuait son homme, c'était généralement parce que l'homme avait besoin d'être tué, et le marchand de faro était certainement le meilleur juge en la matière. Au contraire, si l'on tirait sur le croupier, cela était considéré comme une calamité publique, exigeant une explication, puisque le croupier était un *quasi fonctionnaire* public et que la convenance du citoyen exigeait que le jeu continue. La vie était peut-être la chose la moins chère en dessous du Central Pacific Railroad, et il était entièrement du devoir de l'individu de veiller à son entretien. Si une personne était instable sur la gâchette ou si elle était surprise en train de faire une sieste lors du tirage, elle était considérée comme décédée en raison d'une négligence contributive.

Certes, il y avait une loi et un mécanisme pour son exécution ; mais le mécanisme était libéral et avait ses propres idées, et la loi adhérait avec une suprême insouciance à sa maxime : *De minimis non curat lex* .

Crawley de première classe avait été magnifiquement formé pour les fonctions de son poste. Si la Fortune avait été un projet émouvant, elle n'aurait pas pu mieux l'éduquer pour une telle vie. Une trentaine d'années auparavant, il avait été cuisinier dans l'armée du Potomac – non pas le cuisinier de la romance, mais le cuisinier de la réalité ; suivant l'armée courageusement, mais à une telle distance en arrière qu'il était à tout moment extrêmement sûr, et exigeant pour son précieux service public tous les gains que l'ingéniosité humaine pouvait découvrir. Ce n'était pas un mal dans l'esprit de Crawley de tromper le simple soldat ; il est probable que le soldat serait abattu le lendemain, et alors toute opportunité de le tromper cesserait, et si l'occasion précédente n'avait pas été saisie et appréciée, Crawley le regretterait.

Une fois « l'amertume de la mort » passée, Crawley devint juge de paix dans l'Ohio. Ici, le champ de son talent était plus large, et Crawley surgit et se répandit comme le laurier des archives bibliques. Crawley considérait comme un principe fondamental que l'appareil de la justice humaine ne pouvait être maintenu sans un nerf de guerre suffisant. Il valait mieux, bien sûr, que ces nerfs puissent être arrachés au malfaiteur, mais, à défaut, les innocents doivent contribuer. Chaque plaideur était présumé procéder au péril des dépens. La question des coûts était vitale pour Crawley et se profilait constamment. Le droit ou la justice d'une cause n'a jamais été autorisé à l'obscurcir un seul instant. Si le demandeur était impécunieux, alors la décision devait être contre le défendeur, sinon les frais ne pourraient pas être payés, et *vice versa* , comme il avait plu à la Providence de donner du fond.

C'était une haute conception de la justice humaine ; puisqu'il a contourné la controverse triviale des plaideurs et a placé le fardeau de la procédure légale sur celui qui est le mieux à même de le soutenir. First Class Crawley a soutenu en outre qu'il était de la sagesse d'un gouvernement de libérer rapidement le criminel qui a « déboursé », puisque les revenus de l'État provenaient en grande partie des amendes imposées au malfaiteur, et qu'il était certainement tout à fait inutile de retenir le criminel aux frais de l'État après l'avoir sévèrement pressé, alors qu'il pouvait être réintroduit dans la société et à nouveau pressé plus tard.

Crawley aurait pu être le père d'une école s'il n'avait pas trouvé l'école de l'Ohio adaptée à ses besoins. Par conséquent, sa renommée était locale, et ses méthodes étant d'origine ancienne dans ce Commonwealth, ne provoquaient aucun commentaire, et en fait, il aurait pu accéder, avec la carrière habituelle de ces esprits ambitieux, à un siège à l'Assemblée législative, s'il n'avait pas involontairement traversé dans un Etat voisin afin d'assister à une réunion de la Grande Armée de la République. Ici, l'un d'eux, blessé à cause d'une blessure, s'est jeté sur lui avec un mandat d'arrêt pour crime, et cette même nuit, le juge en visite était un invité de l'État. Mais First Class Crawley n'était pas un homme aux faibles ressources, et deux jours plus tard, il donna une caution de paille et disparut comme un nuage de guerre dans un journal.

Dans le Sud-Ouest, Crawley était une personne importante : un tribunal de dernier recours pour toutes les questions, sauf aucune. Si des paris étaient faits, Crawley était l'arbitre. Si les questions étaient débattues, Crawley était juge. Si l'on voulait des conseils, on allait le voir. Si l'on voulait des renseignements, on allait vers lui ; et si l'on avait besoin d'argent, on allait toujours en première classe à Crawley et on donnait tout sauf sa vie. Aucune cérémonie n'était complète sans la présence de cette célébrité, qu'il s'agisse d'un combat de taureaux, d'un combat de prix, d'un combat de chiens ou d'un recours convenu à l'avance à l'arbitrage du Winchester. Crawley était un grand homme, contrairement à un mauvais homme. Personnellement, il ne s'est ni disputé ni combattu, et on n'aurait pas plus envisagé de tirer sur Crawley qu'il n'aurait envisagé de tirer sur sa grand-mère. Ce propriétaire de l'Emporium maintenait sa position, non grâce à ses armes et à son habileté à les utiliser, mais grâce à quelque chose d'intéressant qui passait chez lui pour une intelligence.

Par conséquent, lorsque lui et Hiram Martin, de la Golden Horn Mining Company, se sont assis dans la salle de jeu privée de l'Emporium pour un entretien privé avec l'honorable Ambercrombie Hergan , s'attendaient-ils à se rendre compte du temps passé. Ils étaient à la fois attentifs et intéressés, car l'imprudent secrétaire d'État était connu dans le jargon de la guilde comme un « membre facile ». S'il avait de l'argent, ou s'il pouvait en obtenir, il finirait par tomber entre leurs griffes, comme cela avait toujours été le cas. Leur intérêt était donc réel.

« Les garçons, dit le secrétaire d'État, j'ai un plan pour prendre une participation et je veux que vous y participiez. J'ai été dans l'Est, j'ai tout compris, et c'est un jeu d'enfant.

Le propriétaire de la Corne d'Or croisa les mains sur la vaste étendue de son ventre et sourit avec bienveillance. Il savait tout du concours habituel de circonstances décrit dans l'élégante diction du joueur comme un « jeu d'enfant ».

Il était un expert en matière de choses de ce genre, mais il n'a fourni aucune information ni aucun commentaire. Il se contenta de sourire et de murmurer « Oui », d'une voix qui rappelait le pétrole versé d'un baril très plein.

"Vous voyez", a poursuivi l'honorable Ambercrombie

Hergan , « c'est par ici. Il y a un courtier à Chicago qui est un de mes amis. Je l'ai sauvé de la cruche quand il était enfant, et il ne l'a jamais oublié. Eh bien, il est allé à Chicago, a rassemblé beaucoup d'argent et a acheté un siège à la Bourse. Il a eu de la chance, et maintenant il est parti. Il est à l'intérieur et il dit qu'il va y avoir une forte augmentation des stocks de pétrole ; que la Standard Oil Company l'a forcé à baisser afin d'évincer les petits dealers, et qu'ils sont en ce moment au plus bas, et quand ils lâcheront prise, ils reviendront à un dollar.

À ce stade du récit, Crawley murmura « Oui », puis se pencha en arrière sur sa chaise et ferma les yeux. Il n'était pas tout à fait prêt à percer le ballon de M. Hergan , et ce n'était pas sa façon de formuler des objections à des propositions inachevées.

"Maintenant", dit Hergan en se penchant et en posant ses bras sur la table, "le plan est de former un grand pool et d'acheter du pétrole, et d'en gagner suffisamment en une seule fois pour retourner à la civilisation et vivre comme un roi. C'est le plan, les garçons. C'est bon." Crawley de première classe ouvrit lentement les yeux et, tendant sa grosse main, commença à caresser le tapis vert sur la petite table de poker ronde.

« Billy, » dit-il lentement, « j'imagine que c'est un bon plan, et j'espère qu'il y a de l'argent dedans , peut-être des tonnes d'argent, mais Martin et moi ne sommes pas des spéculateurs ; nous n'avons jamais vu de machine à tic-tac de notre vie. Nous ne savons rien des nouvelles façons de devenir riche. Nous sommes tous les deux de vieux fous, juste de vieux fous ordinaires, et je pense que nous ferions mieux de rester dehors. Bien sûr, je ne dénonce pas ce projet. Ça a l'air bien, vraiment bien, mais Martin et moi ne sommes plus jeunes ; nous devenons vieux et lourds sur nos épingles, et nous n'avons plus le courage d'en avoir avant. Je ne frappe toujours pas . Martin et moi aimerions vous voir gagner beaucoup d'argent, n'est- ce pas , Martin ?

"Oui", gargouilla le propriétaire de la Corne d'Or, "nous le ferions bien."

L'honorable Ambercrombie Hergan se redressa et fourra ses mains dans ses poches. « Bien sûr, les garçons, dit-il, c'est un pari, mais c'est dix fois mieux qu'une banque de Faro. Si nous réussissons, nous aurons toutes sortes d'argent ; si c'est l'inverse, nous sommes paralysés. J'en ai marre des petits paris, et je vais faire un gros jeu si je mange des boules de neige pendant les vingt prochaines années. J'aimerais que vous soyez parmi nous, les garçons, mais si vous ne croyez pas que la chose est facile à battre, vous pouvez rester à l'écart.

Une inspiration est venue à First Class Crawley, et il l'a saisie avec l'avidité d'un requin. « Billy, » dit-il avec une confiance aimable, « tu n'as pas de meilleurs amis dans ce pays que moi et Martin, n'est-ce pas, Martin ?

"Non," marmonna le gros propriétaire à la voix oléagineuse, "il n'est pas ..."

« Et moi et Martin, poursuivit le propriétaire, nous serions allés dans n'importe quel monde dans lequel vous voudriez que nous allions, et cela ne nous ferait aucune différence de savoir ce que c'était, si vous disiez que c'était un bon voyage. chose. Mais Martin et moi avons presque soixante ans, et si nous faisions faillite, nous ne pourrions plus jamais nous relever. Nous sommes timides , Billy ; Martin et moi sommes timides , mais nous sommes prêts à faire tout ce que nous pouvons pour vous. Nous sommes prêts à vous aider comme vous le souhaitez, parce que vous êtes un gibier mort, Billy, c'est ce que vous êtes, vous êtes un gibier mort.

Le méfiant Hiram Martin ne savait absolument pas ce que Crawley cherchait, mais il avait une confiance illimitée dans le propriétaire de l'Emporium, et il acquiesça doucement. Crawley, il le savait, ne suivait aucune piste froide ; Crawley ne travaillait pas avec du plomb salé, et s'il s'abaissait pour « courber les charnières enceintes du genou », il y avait quelque chose pour Crawley, et à peu de distance.

«Eh bien», a répondu le secrétaire d'État,

«Je vous suis obligé à tous les deux, mais je suppose que je n'ai besoin de rien pour le moment. Bien sûr, je dois réunir beaucoup d'argent pour cet accord, mais j'ai en quelque sorte arrangé cela à New York.

L'arrière-pensée de Crawley était désormais tout à fait claire pour le propriétaire du Golden Horn. Hergan aurait besoin d'argent, peut-être une grosse somme pour son entreprise. Si une bonne garantie pouvait être donnée, il n'y avait aucune raison pour qu'ils n'avancent pas l'argent avec un escompte important et confortable.

L'officier du Commonwealth recula sa chaise de la table pour indiquer que la conférence secrète était terminée. Ce faisant, le propriétaire du Magasin se pencha et étendit ses grosses mains sur le tissu vert.

« Billy, vieil homme, dit-il d'une voix qui indiquait un doux reproche, vous n'aviez pas besoin d'aller chez des étrangers pour réunir l'argent dont vous aviez besoin ; Martin et moi avons économisé un peu, et Martin et moi serions heureux de vous le céder si c'est un logement, n'est-ce pas , Martin ?

Crawley de première classe n'a pas ajouté que lui et Martin exigeraient le détail insignifiant d'une caution substantielle, mais ils ont conclu judicieusement que si Hergan pouvait lever des fonds à New York, il avait obtenu un soutien de premier ordre, et si cette garantie était suffisante. pour une banque orientale, c'était largement suffisant pour tous les usages connus du commerce. Martin, apparemment indifférent, consentit donc très amicalement.

L'honorable Ambercrombic Hergan se rassit sur sa chaise et devint pensif. « Je n'ai pas clôturé le prêt, » dit-il après quelques réflexions, « et je voudrais tout autant vous laisser l'emprunter, les garçons. Le fait est que je préférerais un peu vous l'emprunter. Je paie assez cher pour cet argent et je préfère payer mes amis plutôt que les Yankees de l'Est.

«Oui», observa l'onctueux magnat des mines, même s'il n'avait pas du tout eu l'intention de parler.

«Mais», continua le secrétaire d'État, «je pense que vous n'aimeriez pas supporter autant que j'en ai besoin. Je vais envahir la banque pour une fois.

«Eh bien, Billy», dit d'une voix traînante le propriétaire de l'Emporium, «J'espère que Martin et moi pourrons nous rattraper. Si nous n'en avons pas assez, nous pouvons en trouver et nous débrouiller. Au moins, nous essaierons. De quelle somme environ pourriez-vous avoir besoin ? »

«Je pense», répondit Hergan , «qu'il me faudra environ cinquante mille.»

Les mains d'Hiram Martin se resserrèrent sur son ventre et, pendant un instant, Crawley étudia le plafond avec une indifférence placide. Il avait fait d'Hergan son propre canal, et la transaction étant assurée, il appartenait désormais à la sagesse d'influencer la gravité. Puis il parla lentement et anxieusement : « C'est une grosse liasse d'argent. Pourtant, Martin et moi... » Ici, il s'arrêta net et se tourna vers son compagnon.

« Puissant, gros », a fait écho au propriétaire de la mine, qui n'a proposé aucune autre observation. Il comprenait Crawley de première classe comme peu d'hommes sont compris, et de telles observations étaient tout à fait inutiles entre eux, à l'exception de l'effet sur la victime en question.

« Pourtant, » continua le propriétaire de l'Emporium, « j'espère que nous pourrons l'augmenter d'une manière ou d'une autre. À quelles conditions autorisez-vous ? »

"Je suppose que trente jours seront suffisants", répondit Hergan . "Trente jours à douze pour cent, c'est comme ça que je l'ai calculé."

"Oui", dit le roi du jeu d'une voix traînante, "et la sécurité ?"

"Eh bien," dit le secrétaire d'État, "j'ai calculé pour donner au gouverneur et à Culverson ."

«Ils sont bons, je pense», observa Crawley, méfiant. " Est-ce qu'ils ne sont pas bons, Martin?"

"C'est peut-être pire", a répondu le pétrolier propriétaire du Golden Horn, "mais ce n'est pas ça. C'est le taux. Cela semble bien peu avec un prêt à court terme.

"C'est bien peu", continua Crawley après un silence de quelques instants. « Nous devrions donner plus que cela pour ce que nous avons emprunté. Il n'y aurait rien pour nous, Billy, pas un centime pour moi et Martin.

"Je vous dis ce que je vais faire", a déclaré l'honorable Ambercrombie Hergan , brusquement, comme si l'idée était nouvelle et soudaine, "Je vous donnerai douze pour cent, pour l'argent d'un mois, et je conclurai un accord pour vous remettre à vous deux un huitième de ce que vous méritez." ce que je gagne au pari.

Crawley était très grave. La proposition lui plaisait énormément, mais les émotions ne trouvaient aucune expression chez lui. Prêter cinquante mille dollars avec de bonnes garanties à un taux d'intérêt énorme, et en outre avoir une part substantielle dans une spéculation sans risquer de perdre un centime, était une situation de choses peu susceptible de se produire avec beaucoup de régularité au cours d'une période d'une année. la vie précaire du joueur. Pourtant Crawley n'était pas inquiet. Pour le spectateur, il était triste et indifférent. Il savait très bien que cette proposition était un ultimatum d'Hergan , et il allait l'accepter, mais il voulait paraître accepter plutôt par gentillesse envers Hergan que parce que l'incitation avait augmenté.

"Billy," dit-il lentement, presque tristement, "Martin et moi ne voulons rien faire de toi, et nous essaierons d'arranger ça comme tu le souhaites. Si vous voulez organiser les choses de cette façon, eh bien, cela nous convient – cela nous convient, à moi et à Martin.

« Très bien », répondit le secrétaire d'État en se levant de table. « Je vais aller chez le gouverneur et demander à Al de réparer les papiers. Plus tôt je l'obtiendrai, plus j'aurai de chances de gagner une mise.

« Billy », appela le propriétaire de l'Emporium, alors que le fonctionnaire du Commonwealth franchissait la porte, « faites simplement le billet à l'ordre de Martin ».

L'honorable Ambercrombie Hergan acquiesça et partit, laissant les gros rois du jeu du Sud-Ouest prolonger la séance secrète.

Lorsque la porte fut fermée, Crawley de première classe se tourna vers son compagnon, ses petits yeux gris glissant dans leurs orbites gonflées.

« Martin, dit-il, n'est - il pas une marque ?

Le ventre du gros Martin ondulait comme un sac en caoutchouc rempli de liquide. « De tous les imbéciles », gargouilla-t-il.

« Était-ce clair ? » s'enquit le propriétaire de l'Emporium.

"Plaire comme un chiot moucheté", répondit Martin, "sauf la note."

« Vous voyez, » dit First Class Crawley en se retournant sur sa chaise, « vous vivez au Nouveau-Mexique, et je voulais la note à votre nom afin que si nous devions poursuivre en justice , nous puissions l'obtenir devant le tribunal des États-Unis. Vous ne pouvez jamais savoir ce que les tribunaux d'État vont faire de vous, mais les tribunaux du vieil Oncle Sam ne résistent pas au flim-flam.

"Crawley", annonça le propriétaire du Golden Horn, "Crawley, tu es bâti comme un homme blanc, mais tu as la tête sur toi comme un Yankee."

Lorsque l'honorable Ambercrombie Hergan retourna à la résidence du gouverneur et trouva le célèbre fonctionnaire et le major Culverson dans la bibliothèque. L'irrépressible Major s'occupait de présenter une histoire sinistre et hautement dramatique sur la façon dont il avait redressé les exigences enchevêtrées du Commonwealth pendant l'absence de ses associés et comment, grâce à sa magnifique personnalité, le Sud-Ouest tout entier, depuis les frontières du pays inférieur, De l'Utah au Rio Grande, était désormais la paisible demeure de la paix et de la bonne volonté fraternelle. Il s'arrêta net à l'entrée du secrétaire d'État et s'inclina. Puis, passant la main sous son habit, il s'écria avec l'air affecté d'un acteur de dixième ordre : « Bonjour, bon joueur. »

« Top chop », a répondu l'honorable Ambercrombie Hergan . "Et un favori."

"J'estime," continua le major, "j'estime, monsieur, d'après votre ton joyeux, que les gros requins ont été harponnés avec succès."

«Messieurs», dit le secrétaire d'État en s'asseyant sur une chaise près de la table, «les rapports de cette course annonceront que Hiram Martin et First Class Crawley ont également couru.»

« Ce qui étant traduit, observa le gouverneur, signifie que ces messieurs vous avanceront l'argent selon la ligne suggérée par votre avocat de New York.

"Oui", dit le joueur. « Vous devez préparer les papiers, et je dois y aller ce soir. Tout s'est déroulé exactement comme Randolph Mason l'avait annoncé. Si le reste se passe comme prévu, nous roulerons en calèche.

"Produisez les ordres scellés", a déclaré le gouverneur, participant à l'atmosphère simulée et dramatique.

Le secrétaire d'État sortit de sa poche une grosse enveloppe et la jeta sur la table. L'Exécutif se pencha, ouvrit le journal et, après l'avoir soigneusement examiné, prit une plume et se mit à écrire.

Le major Culverson se dirigea vers la fenêtre et regarda la campagne chaude, monotone et stérile. «Je me demande», murmura-t-il, «si c'est vraiment le décès de l'honorable Ambercrombie . Hergan ?

IX

L' assistance dans la salle d'audience se leva et resta debout jusqu'à ce que le juge en robe de soie noire entre et prenne place sur le banc. Puis l'audience reprit place et le greffier commença à lire les actes de la veille. La cérémonie qui a suivi la séance de la Circuit Court des États-Unis portait en elle un sentiment impressionnant d'autorité impériale majestueuse et un air de délibération judiciaire grave. C'était le gouvernement des États-Unis d'Amérique, l'esprit de l'ordre suprême et de la loi circulant à travers son serviteur, et, après le Grand Maître des événements, il était le plus grand. Il s'était arrogé, pour le bien des hommes, le droit de juger et de dire en quoi consistait la justice de leurs querelles compliquées. Avant cela, la cause de chaque homme avait la même importance, et chaque homme était de même stature ; esclave ou libre, on se tenait devant lui, nu de toute influence, et avec son épaule aussi haute que celle de son semblable.

C'est la théorie. Si elle échoue, c'est parce que la loi n'est, au mieux, qu'une invention humaine, et que ses serviteurs, après tout, ne sont que des hommes comme les autres.

Le bâtiment dans lequel la Cour fédérale tenait ses sessions était une structure solide et belle, et maintenait un étrange contraste avec la ville dans laquelle elle se trouvait. La ville était rude, misérable, grossière ; l'habitation temporaire des hommes, luttant toujours contre l' *acharnement incessant* des choses ; l'audience dans la grande salle d'audience contrastait également avec les officiers de cette cour. Ils furent les pionniers de la civilisation ; une foule hétéroclite dans laquelle se mélangeait le meilleur et le pire de la société humaine. C'étaient pour la plupart des exemples bronzés, barbus et intrépides de la loi inexorable de la survie du plus fort, mais pas tous. Certains étaient les précurseurs imprudents de ces vices endurcis qui suivent de près le sillage de l'empire, des diables trop crapuleux pour être tolérés dans les villes de l'Est, et trop audacieux et trop méfiants pour être éradiqués par la machinerie délibérée de la loi. .

Contre eux, les officiers du tribunal présentaient quelques preuves de poli. C'étaient des hommes précis et calculateurs, élevés pour respecter l'ordre, obéir et maintenir les coutumes de la loi. Le contraste était significatif, et l'on se rappelait et comprenait le conflit amer et constant entre les tribunaux judiciaires de l'État et les tribunaux judiciaires du gouvernement fédéral, âprement mené et encore indécis. D'un certain point de vue, c'était le tribunal calme du pouvoir suprême du pays, accordant les mêmes droits et recours aux limites mêmes de sa juridiction qu'il accordait à la capitale elle-même, ne favorisant aucune condition et agissant avec autant d'équité que la nature.

D'un autre côté, on comprenait comment le lointain Commonwealth considérait cette cour comme le tribunal d'un gouvernement impérial lointain , cherchant à faire respecter des lois et des coutumes étrangères et répugnantes aux lois et coutumes de son peuple. Pour eux, le juge fédéral était un gouverneur du roi, voyageant avec sa suite dans une province soumise et appliquant son édit en vertu d'armées étrangères cantonnées à sa convenance. Et en regardant de ce point de vue, on comprenait pourquoi l'État avant-poste détestait si amèrement cette cour, et d'où surgissait la clameur féroce contre elle. On comprenait combien l'Extrême-Occident s'irritait sous ses injonctions et les dénonçait comme des mandats royaux d'un consul d'empereur, et comment l'Extrême-Sud se heurtait à ce tribunal et criait contre lui au Congrès des États-Unis dans un mémorial retentissant comme un cloche.

donc facile à comprendre, il était facile de mesurer l'ampleur du spectre de la discorde et, en fait, il était très difficile de forcer le problème à aboutir à une issue heureuse.

Quand le greffier eut fini, le maréchal appela le jury et lutta courageusement, mais parfois sans succès, contre le merveilleux enchevêtrement des noms. En effet, si la liste de ce panel avait été soumise à un étudiant en philologie, il n'aurait pas eu besoin de plus d'histoire de la civilisation du Sud-Ouest. Lorsque le maréchal eut terminé, le juge ordonna que le jury soit renvoyé jusqu'à deux heures, et lorsque l'ordre fut rétabli, le juge se retourna et baissa les yeux gravement du banc.

« Ce tribunal, dit-il, est prêt à se prononcer sur l'affaire prise en délibéré hier après-midi. Il semble qu'un certain Hiram Martin, citoyen et résident de l'État du Nouveau-Mexique, ait intenté une action devant ce tribunal contre Ambercrombie. Hergan et autres pour récupérer la somme de cinquante mille dollars, argent, comme on dit, emprunté par ledit Hergan . La déclaration contenait les chefs d'accusation communs *en assumpsit* , avec lesquels était déposé, au lieu de la déclaration de détails, un billet à ordre, fait par ledit Hergan audit demandeur, appelant cinquante mille dollars, et endossé par un certain Randal et un autre Culver. -fils. Cette note, en plus de ce qui était habituellement contenu dans de tels instruments, indiquait qu'elle avait été donnée conformément à un certain accord de même date avec celui-ci, fait et conclu par les parties à ladite note. L'affaire étant portée en jugement, les accusés, par leur avocat, ont comparu et ont déposé leur plaidoyer en exposant ledit accord, soutenant que ledit billet avait été donné pour de l'argent prêté dans le but d'être utilisé dans une entreprise de jeu et qu'il était, par conséquent, nul en droit. Un problème ayant été soulevé sur ledit plaidoyer, l'affaire a été portée en jugement, et ledit accord ayant été admis, les défendeurs, par leur avocat, ont demandé à ce tribunal d'exclure la preuve et d'ordonner au jury de trancher en faveur des défendeurs ; quelle requête ce tribunal a pris le temps d'examiner.

« Les faits concernés ne font l'objet d'aucune controverse, et l'accord étant rédigé en termes clairs, n'admet aucune interprétation douteuse. Il semblerait que le défendeur Hergan se soit rendu à la maison de jeu d'un certain Crawley, résident de cet État, et ait demandé une entrevue privée avec ledit Crawley et le demandeur ; que dans cette interview, Hergan expliqua qu'il réfléchissait à ce qu'il lui plaisait d'appeler « une entreprise de jeu sur le pétrole », et il sollicita les deux hommes pour qu'ils se joignent à lui dans cette entreprise. Ils refusèrent de le faire, mais suggérèrent qu'ils avanceraient à Hergan l'argent dont il pourrait avoir besoin sur un billet à ordre avec une bonne sécurité.

« Il semble qu'une certaine controverse ait éclaté quant au taux d'intérêt à payer ; et une division des bénéfices a été suggérée à la place du pourcentage le plus élevé. Cette affaire a finalement été conclue par le demandeur et ledit Crawley en avançant ladite somme, en prenant à cet effet la note déposée dans cette cause et en concluant en outre cet accord écrit avec ledit Hergan , dans lequel il est stipulé que l'argent le prêt doit être utilisé par ledit Hergan dans le but exprès de « parier sur le pétrole », et dans aucun autre but ; et que si un profit devait résulter de ladite entreprise de jeu, ledit demandeur et ledit Crawley devaient recevoir un huitième desdits bénéfices. Il semble que l'argent ait été payé et vraisemblablement utilisé par Hergan aux fins indiquées. Par la suite, le billet a été présenté au paiement et, ayant été refusé, il a été dûment protesté, puis poursuivi en justice devant ce tribunal.

« Les défendeurs soutiennent que cette transaction était contraire à l'ordre public et que l'argent, ayant été prêté dans un but illégal connu, ne peut être récupéré devant un tribunal judiciaire, mais relève des matières qui sont par *se ex turfe causa* , et pour lequel la loi ne prévoit aucun recours. Au contraire, l'avocat du demandeur soutient que la transaction entre les parties à cette poursuite était entièrement commerciale et innocente ; que le demandeur est un simple prêteur d'argent dans le cadre d'une transaction *de bonne foi* , et qu'il n'est en aucun cas partie à une procédure illégale, et que le simple usage de l'argent n'a aucune importance.

« La loi, étant destinée au bien-être et à la protection de la société humaine, refuse de reconnaître et d'appliquer certains contrats conclus entre ses citoyens, lorsque ces contrats sont fondés sur la turpitude morale ou incompatibles avec le bon ordre ou les intérêts solides de la société.

« Aucun peuple, déclare le chancelier Kent dans ses *Commentaires* , n'est tenu ou ne devrait faire respecter ou tenir valable devant ses tribunaux tout contrat qui porte atteinte aux droits publics ou offense sa morale ou contrevient à sa politique ou viole une loi publique. .' C'est pourquoi les contrats ayant une contrepartie illégale ou immorale, ou tendant à la violation de la loi ou à la débauche des bonnes mœurs, sont considérés comme *contre bonas mœurs* et sont nuls.

« On dit que l'objet de toute loi est de supprimer le vice et de promouvoir le bien-être général de la société, et elle n'aide pas les personnes à faire respecter une demande provenant de leur violation ou de leur violation de ses principes et de ses textes. Il n'est pas nécessaire que la loi interdise ou interdise expressément un acte. Il peut implicitement l'interdire ou l'interdire. Dans les deux cas, un contrat en violation de ses principes est nul en vertu de la saine maxime *ex turpi causa non oritur. action* .

« Il peut arriver, et cela arrive fréquemment, que l'individu souffre d'un grand préjudice à cause de cette politique radicale de la loi, mais on considère que le bien de la République dépasse le simple bénéfice du citoyen individuel, et que là où le bien-être de l'ensemble de la société est en jeu, la loi ne s'arrêtera pas pour considérer le préjudice causé à l'unité elle-même. De là la politique du gouvernement dans les exigences de la guerre, quand il faut se protéger contre la violence, et la politique du gouvernement dans l'administration pacifique de la loi, quand il faut se protéger contre le vice.

« Ainsi, les jeux d'argent, les paris et tous les contrats et transactions de jeux et de paris sont illégaux et contraires à l'ordre public, car ils sont répugnants pour le bien-être de la société, chargés de vices, porteurs de démoralisation et corrompant aussi bien la jeunesse que la population. vieillis, car ils inspirent l'espoir d'une récompense sans travail.

« Il est significatif que dans des domaines de cette nature, la société humaine ait été progressiste. En vertu de la common law anglaise, les paris n'étaient ni illégaux ni inapplicables, mais la loi de la 9e Anne a suivi et modifié la common law, et les statuts de la 8e et de la 9e Victoria l'ont encore modifiée, et aux États-Unis, chaque Commonwealth distinct a son propre droit. loi frappant ce vice.

«Je pense qu'il ne sera pas nié à ce jour que toutes les transactions sur actions, par voie de marge, de règlement de différends et de paiement de gains ou de pertes, sans intention de livrer les actions, sont une opération de jeu ou de pari que la loi ne prévoit pas. pas de sanction, et ne sera pas mis en œuvre ; et cela a été jugé par la Cour suprême des États-Unis dans l'affaire Irwin contre Williar : « Si, sous couvert d'un contrat de livraison de marchandises à un jour ultérieur, l'intention réelle est de spéculer sur la hausse ou la baisse des prix , et les marchandises ne doivent pas être livrées, mais une partie doit payer à l'autre la différence entre le prix contractuel et le prix du marché des marchandises à la date fixée pour l'exécution du contrat, l'ensemble de la transaction n'est rien de plus qu'un pari , et est nul et non avenu. Et que « généralement, dans ce pays, les contrats de pari sont considérés comme illégaux et nuls au regard de l'ordre public ».

« En effet, les tribunaux du pays sont allés jusqu'à dénoncer sans ambages le caractère dangereux de ces entreprises illégales. Le juge Blauford , dans l'affaire Cunningham contre la Banque Nationale d'Augusta, en parlant de ces transactions appelées « contrats à terme », déclare : « S'il ne s'agit pas d'une spéculation sur les chances, d'un pari entre les parties, alors nous ne pouvons pas pour comprendre la transaction. Un pari sur un jeu de faro ou de poker ne peut pas être plus risqué, dangereux ou incertain. On peut en effet dire que ces animaux sont apprivoisés, doux et soumis comparés à ce monstre. La loi les a mis en cage et les a conduits à la tanière. Ils ont été interdits ; tandis que cette bête féroce a été autorisée à se promener en plein jour avec des pancartes dorées et des publicités enflammées pour attirer la malheureuse victime dans ses bras de mort et de destruction. Quelles sont les conséquences de ces spéculations sur les « futures » ? Les fidèles chroniqueurs de l'époque nous ont appris, comme découlant directement de ces pratiques néfastes, qu'il y a eu des faillites, des détournements d'officiers publics, des détournements de fonds, des faux, des larcins et des décès. Personne ne prétendra certainement qu'une transaction lourde de conséquences aussi néfastes n'est pas immorale, illégale et contraire à l'ordre public.

« En ce qui concerne cette doctrine en l'espèce, il est certain que les parties ont compris et voulu que l'argent prêté soit utilisé dans le but de se livrer à une spéculation illégale sur le pétrole, à un pari sur le pétrole, " comme cela est indiqué dans l'accord, et que de telles transactions de jeu sont contraires à l'ordre public et à la loi du pays. Mais le savant avocat soutient que tout cela ne peut avoir aucune incidence sur la présente affaire pour la raison que dans les arrêts cités ci-dessus annonçant ces conclusions de droit, les plaideurs étaient les parties qui traitaient l'une avec l'autre ou pour l'autre, et étaient les les parties immédiates engagées dans une entreprise de jeu illégale, et celles qui gagnent ou perdent directement grâce à l'entreprise, et non un simple étranger qui a prêté de l'argent à un autre pour s'engager dans de telles transactions, et n'ayant qu'un intérêt indéterminé dans le résultat ; et que la loi ne prêtera pas son aide à un nouveau tort. Le défendeur ayant commis une faute ne peut pas être autorisé à utiliser son premier fait illicite comme instrument pour commettre un deuxième fait illicite.

« L'objection est ingénieuse, mais j'estime qu'elle est pleinement satisfaite par la déclaration de Lord Mansfield dans l'affaire Holman : « L'objection », dit le savant juge, « selon laquelle un contrat est immoral ou illégal entre le demandeur et le défendeur, semble toujours très malade dans la bouche du prévenu. Ce n'est cependant pas pour lui que l'objection est accueillie, mais elle est fondée sur le principe général de politique dont le défendeur a l'avantage, contrairement à la vraie justice entre lui et le demandeur, par accident, si je peux me permettre. dites donc. Le principe de la politique publique est le suivant : *ex dolo malo non oritur action* . Aucun tribunal n'apportera son aide à un homme qui fonde sa cause d'action sur un acte immoral ou illégal. Si, d'après la propre déclaration du plaignant ou autrement, la cause de l'action semble découler *ex turpi causa* , ou de la transgression d'une loi positive de ce pays, alors le tribunal dit qu'il n'a pas le droit d'être assisté. C'est sur cette base que le tribunal s'appuie, non pas pour le bien du défendeur, mais parce qu'il n'apportera pas son aide à un tel plaignant.

«Cette prétention du demandeur à cette action est infondée pour la raison supplémentaire que toute promesse, contrat ou engagement dont l'exécution tendrait à promouvoir, à faire progresser ou à réaliser un objet ou un but illégal, est lui-même nul et ne maintiendra pas une action. La loi qui interdit la fin ne contribuera pas à promouvoir les moyens assignés à sa réalisation. Il n'est pas non plus possible de faire d'un acte contraire à la loi la base d'un contrat exécutoire devant les tribunaux. Ainsi, lorsqu'une personne prête de l'argent à une autre dans le but exprès de lui permettre de commettre un acte illégal déterminé, et que cet acte est ensuite commis au moyen de l'aide ainsi reçue, le prêteur est un *participant. criminis* , et la loi ne l'aidera pas à récupérer l'argent avancé dans un tel but, et elle l'aiderait encore moins si, comme dans le cas présent, il conservait un intérêt dans le résultat de l'entreprise.

Il était très inhabituel que l'avocat interrompe le juge dans l'exposé de son opinion, mais c'est à ce moment-là que l'avocat de Martin s'est levé.

« S'il vous plaît, dit-il, ce tribunal supprime le recours du plaignant et permet que le tort perdure. Ce tribunal renverse-t-il l'ancienne doctrine sur laquelle la théorie de la justice humaine repose éternellement, l'ancienne doctrine selon laquelle la loi apportera toujours un remède à un tort ?

La moindre ombre d'un sourire apparut sur le visage du juge.

« Cette sage maxime : « *lex sempre debit remédiant* », répondit le juge, « est une erreur gigantesque formulée dans un très bon latin juridique. La requête en exclusion de la preuve est retenue et le jury rendra un verdict en faveur des accusés.

X

La machine du gouverneur sortit gravement de la Circuit Court des États-Unis et descendit les larges marches, le major en tête, l'exécutif suivant en second et l'honorable Ambercrombie. Hergan fermait la marche, tous aussi silencieux et solennels qu'un diplomate japonais. La machine passa par la grande porte voûtée et traversa directement la rue jusqu'au salon « The Happy Maria », une institution au passé varié. La machine est entrée par la porte et s'est alignée devant le bar aussi mystérieusement qu'une délégation nationale dans un caucus.

Le barman de « The Happy Maria » était un acteur boiteux de Saint-Louis. Lorsqu'il se tourna et vit l'ensemble solennel, il recula et se tapota tragiquement le front avec ses doigts.

"Ha!" murmura-t-il, c'est Ulfius , Brastias et sire Bedivere.

Aucune réponse ne fut faite à cela, si ce n'est que le major leva la main et montra la bouteille de « Dougherty » posée sur la deuxième étagère à côté de la boîte de « ferraille » et du ceinturon de pistolet du propriétaire. Le barman se précipita, décrocha la bouteille, posa trois petits verres sur le bar et commença à les remplir. Lorsqu'il arriva au troisième verre, il s'arrêta et posa la bouteille. Une expression perplexe se dessina sur son visage. Il enfonça son index dans sa bouche et se mit à zézayer :

"Soyez là deux ou soyez là trois

compagnie de notre roi ?

Le major se retourna juste à temps pour apercevoir le gouverneur alors qu'il disparaissait dans un bureau télégraphique voisin ; puis il se tourna vers le barman avec l'abandon dramatique d'un professionnel lors d'un bénéfice.

« Versez, bon sénéchal, s'écria-t-il ; « c'est l'homme qui se marierait. Il se précipite avec la bonne nouvelle vers le bien-aimé. Il reviendra.

(Voir la célèbre opinion de Henry St. George Tucker, président de la Cour suprême de Virginie, dans l'affaire phare Gallego's Executors vs. Attorney General, 3 Leigh, 450 ; également l'opinion de John Marshall, juge en chef des États-Unis. , dans le cas des administrateurs de la Philadelphia Baptist Association contre Hart's Executors, 4 Wheaton's US Reports, 330 ; également Knox contre Knox's Executors, 9 W. Va., 125 ; 2y W. Va., 109, et cas cités.)

MME. VAN BARTON

je

Tout cela, a déclaré Randolph Mason, est la plus absurde des absurdités.

La plus jeune Mme Van Bartan se redressa sur sa chaise et regarda fixement le conseiller. C'était une femme d'une présence magnifique, avec une grande toison de cheveux jaunes, de beaux yeux et des traits réguliers et nets.

"Voulez-vous dire que ce n'est pas la vérité ?" elle a demandé.

" Demi-vérité ", répondit Mason.

"Alors," dit la femme en souriant, "ce n'est qu'à moitié absurde."

« Madame », dit Randolph Mason, « si vous désirez mon aide, vous devez expliquer toute cette affaire. Je ne choisis pas de deviner des énigmes.

« Je vous ai dit, commença lentement la jeune femme, que mon mari et moi résidons avec sa mère dans une certaine ville des Virginies ; que son père est mort et, par son testament, a laissé tous ses biens à l'aînée Mme Van Bartan , ma belle-mère ; tout cela était vrai.

Le conseiller hocha la tête.

« L'autre partie, poursuivit-elle, j'essayais de la présenter dans un « cas hypothétique » – n'est- ce pas comme ça que vous l'appelez ?

Elle hésita un instant.

« C'est difficile à dire, et j'essayais seulement de me sauver, mais je suppose que le chirurgien est tout à fait inutile si la plaie n'est pas complètement révélée. Si vous m'écoutez, je vous expliquerai. C'est difficile à dire, et ça fait mal, mais tout est en jeu, et si je perds maintenant , je perds tout. Cela signifiera simplement que j'ai fait sacrifice sur sacrifice pour rien du tout. On hésite à poser son cœur sur une table de dissection où les valvules peuvent être épinglées et enfoncées avec la pointe d'un scalpel, et on lutte ainsi contre une blessure jusqu'à ce qu'elle finisse par être si amère qu'il faut faire appel à un expert. Ensuite, on va chez le chirurgien, ou le prêtre, ou l'avocat, et on l' anesthésie pendant qu'il l'excère.

"Madame", a déclaré Randolph Mason, "vous parlez comme un diplomate : vous ne dites rien du tout."

La jeune Mme Van Bartan déboutonna son manteau et le rejeta avec l'air de celle qui a finalement décidé de ne rien garder en réserve.

«Je suis mariée depuis trois ans», commença-t-elle, «le nom de mon père est Summers. Dans les bons jours de la Virginie, notre famille était riche, mais ces dernières années, nous avons connu un désastre après l'autre jusqu'à ce que la famille devienne très pauvre, et les efforts pour maintenir une apparence de respectabilité étaient en effet une lutte acharnée.

« À cette époque, les industries charbonnières de Virginie occidentale commencèrent à se développer et notre ville devint un centre manufacturier . Cela a attiré de nombreux capitalistes orientaux, parmi lesquels Michael Van Bartan , qui a créé de grandes usines de fer, grâce auxquelles il a fait une immense fortune. Peu de temps après, il mourut, laissant sa veuve et son fils, Gerald Van Bartan .

«Cette femme, je ne l'ai jamais bien comprise. Après la mort de son mari, elle a entretenu leur maison de campagne avec une magnificence presque dépensière, mais elle a toujours semblé terriblement déçue par son fils. C'était un homme bon et facile à vivre, et sa mère, une femme ambitieuse et inquiète, avait de grands projets pour son avenir. Mais, à défaut, et étant une personne d'instinct astucieux, elle entreprit de lui trouver une épouse ambitieuse, qui serait probablement capable de réussir là où elle avait échoué. Mais tandis que la mère s'efforçait de choisir une femme convenable pour son projet, le fils m'a fait la cour et je l'ai épousé.

La jeune femme s'arrêta un instant et les rides de sa bouche se durcirent. Puis elle poursuivit :

« Ce n'était pas tout à fait la personne avec laquelle j'avais espéré passer ma vie, mais il avait de la richesse, et nous étions si misérablement pauvres – et, je le juge après tout, il n'est jamais permis de faire exactement ce qu'on veut dans ce monde las. monde. Ce mariage fut une amère déception pour Mme Van Bartan , mais c'était une femme dotée des ressources d'une impératrice. Elle vint aussitôt vers moi et, avec la courtoisie la plus aimable et la plus gracieuse, m'accueillit comme sa fille et commença aussitôt à me donner les preuves les plus substantielles de sa bonne volonté. Nous fûmes emmenés vivre avec elle à la campagne, et tout fut fait qu'une femme astucieuse pouvait imaginer pour me mettre complètement sous son influence et, par moi, amener mon mari à l'effort qu'elle désirait. Mais tout cela fut un échec total.

« J'ai pleinement apprécié l'incapacité de Gerald Van Bartan et je l'ai dit à sa mère. Je m'approchai délibérément d'elle et lui fis remarquer combien son ambition était vaine et combien elle ne devait certainement aboutir à rien. J'ai dit combien il était difficile pour les hommes de s'élever ne serait-ce qu'un tout petit peu plus haut que leurs semblables ; combien cela a nécessité des années de travail, d'abnégation et de courage. Je lui ai rappelé que mon mari n'avait aucune des qualités nécessaires à un tel travail ; qu'il n'était ni travailleur ni ambitieux, elle le savait bien ; que les habitudes de l'homme avaient été formées, et que ce travail ne pouvait plus être défait maintenant.

«Ensuite, j'ai fait une gaffe comme un imbécile. J'ai dit que la richesse avait fixé ces habitudes, et qu'il fallait l'accepter tel que sa vie luxueuse l'avait fait ; que s'il avait été jeté dehors pour lutter contre la pauvreté, certaines qualités auraient pu être développées, mais qu'il n'avait jamais été contraint de ressentir la nécessité d'un effort et que, par conséquent, il n'avait jamais utilisé ses facultés et ne pouvait plus le faire depuis. la nécessité ne s'en faisait pas sentir. Je l'ai suppliée d'abandonner cet effort comme étant vexatoire et totalement désespéré.

Bartan écouta tout cela attentivement et ne fit aucun commentaire. Quand j'eus fini, elle rit et dit que j'avais complètement mal compris ses intentions envers son fils ; qu'elle n'avait d'autre but dans la vie que de nous rendre aussi heureux que possible, mais qu'on ne pouvait pas dire quelles conditions pourraient survenir, et qu'elle avait simplement souhaité mettre son fils en mesure de prendre soin de lui et de moi, si jamais cela s'avère nécessaire. Puis elle me caressa les cheveux, comme elle eût fait avec un enfant, et me dit de ne pas m'inquiéter pour des bagatelles. Je me félicitais maintenant que l'affaire soit enfin réglée, mais j'avais terriblement tort. J'avais mal lu cette femme remarquable. Bien que de nouveau battue, elle resta invaincue et elle décida de prendre un dernier coup désespéré. C'est peut-être mon bavardage insensé qui a fourni la suggestion, mais il est plutôt plus probable, je pense, que son esprit principal a élaboré le plan à partir de ce qu'elle considérait comme une situation désespérée.

Le visage de la femme était maintenant grave et elle semblait profondément sérieuse.

« Le plan de Mme Van Bartan était de nous convaincre, mon mari et moi-même, que la pauvreté future était imminente, mais comment rendre cette impression hautement probable était une question très difficile et qu'elle appréciait pleinement. Pour y parvenir efficacement, il lui fallait, d'une manière ou d'une autre, apparemment disposer de ses biens, et en même temps les conserver effectivement en possession.

« C'était un problème difficile, mais les problèmes difficiles n'étaient pas effroyables pour Mme Van Bartan , et elle a finalement décidé de mettre en œuvre ce plan astucieux. Elle ferait un testament, léguant la totalité de sa succession à son décès à l'église dont elle était membre et déshéritant entièrement mon mari. Ce testament pourrait avoir l'effet qu'elle désirait, et en même temps la laisser libre de l'usage de ses biens, et libre de détruire ce testament ou d'en faire un autre à son gré. C'est maintenant son plan. La façon dont je l'ai découvert n'a pas d'importance, puisque cela fait partie de son plan dans cette affaire de me faire soupçonner son intention et finalement de me faire croire qu'elle a décidé de nous couper la route sans un dollar. Ayant décidé de cette décision, elle la mènera à bien avec l'habileté d'un maître stratège. Elle fera établir le papier par son conseiller juridique en présence de témoins ; elle déclarera son intention aux gens les plus importants de notre ville, et veillera soigneusement à ce que son acte soit connu par les sources les plus sûres. Il n'y aura aucune erreur nulle part ; Mme Van Rartan ne fait aucune erreur.

« Est-ce que cela a été rédigé ? » » a demandé Randolph Mason.

« Non, répondit la jeune femme, mais ce sera bientôt fait. Mme Van Bartan prépare désormais l'opinion publique à son acte. Elle est bien trop sage pour se dépêcher.

«Je ne vois aucun danger dans tout cela», a déclaré Mason, «puisque l'intention de cette femme n'est pas vraiment de déshériter son fils. A terme, elle détruira ce document ou en fabriquera un autre.

«Mais», dit la jeune femme en se penchant en avant sur sa chaise, «Mme. Van Bartan est atteint d'un anévrisme aortique et peut mourir à tout moment. Elle refuse de le croire et, bien qu'elle ait été examinée par des spécialistes renommés, elle affirme fermement que sa santé est aussi bonne qu'elle ne l'a jamais été de toute sa vie.

« Supposons maintenant qu'elle fasse ce testament et décède subitement sans avoir la possibilité d'en faire un autre. Et alors ? Son intention ne nous aidera pas. Cette volonté tient , et nous nous retrouvons totalement sans dollar dans le monde. Maintenant, que dois-je faire pour nous sauver ? Cela ne sert à rien d'aller voir Mme Van Bartan . C'est une femme de fer. Elle a son plan, et le Ciel ne pourrait pas la changer du tout. Je dois faire quelque chose. Tout dépend de moi et je ne sais pas vers où me tourner. Vous devez me montrer un chemin ; tu dois faire quelque chose.

Randolph Mason se retourna sur sa chaise et regarda carrément la jeune femme.

« Madame, dit-il, vous avez négligé de me dire le plus important. »

"Oh, non, monsieur", répondit la jeune Mme Van Bartan , "je vous ai tout dit."

"En aucun cas", a déclaré Mason. « Vous avez dit que M. Van Bartan n'était pas l'homme avec qui vous espériez passer votre vie. Qui est cet homme?"

La jeune femme baissa les yeux vers le sol et resta silencieuse.

« Eh bien, » dit-elle, « je ne sais pas si je voulais vraiment dire cela. Je voulais dire, vous savez, qu'il y avait d'autres considérations qui m'avaient poussé à cette alliance au-delà de la simple affection. Je n'ai pas dit que j'aimais quelqu'un d'autre, n'est-ce pas ? Ai-je dit que j'aimais quelqu'un d'autre ?

«Vous échappez», dit franchement Mason. "C'est la méthode de confession du faible, mais aussi la méthode du fou."

Le sang est venu au visage de la jeune Mme Van Bartan , et elle a levé les yeux résolument.

« Vous ne m'épargnez pas du tout », dit-elle avec amertume. « Vous arrachez tout, même les parois du cœur. Supposons que j'aime quelqu'un d'autre, qu'est-ce que cela a à voir avec cette affaire ? Tout cela est fini, passé et révolu. Ne puis-je pas lui permettre de dormir et d'être oublié ? Et si il y avait un autre homme ? Et si c'était le cas maintenant ? Dois-je aussi vider son cœur ? Je ne peux pas l'épargner ? Je ne peux pas le laisser en dehors de ça ?

«J'attends, madame», dit doucement Mason.

La jeune femme passa la main sur son visage, comme pour retirer quelque chose qui s'accrochait à elle.

« Si vous voulez savoir, » dit-elle lentement, « son nom est Dalton, Robert Dalton, membre du cabinet d'avocats Carpenter, Lomax et Dalton, de notre ville. On dit qu'il est un avocat compétent. Il est le conseiller juridique de Mme Van Bartan aînée , mais je n'ai pas le droit de vous dire tout cela. C'est injuste envers lui. et injuste envers moi, et injuste envers nous tous.

"Et il t'aime toujours?" » dit Mason avec l'indifférence brutale d'un chirurgien qui enfonce son pouce dans une plaie.

La jeune femme rejeta la tête en arrière. « Vous êtes brutal, s'écria-t-elle, de poser une telle question, et je serais un imbécile, un imbécile misérable et méprisable si je devais y répondre. »

"Mais vous y avez répondu, madame", répondit Randolph Mason.

La jeune Mme Van Bartan se couvrit le visage de ses mains et se mit à sangloter. Le conseiller s'est assis et l'a observée, comme un expert pourrait observer une machine complexe qu'il testait. Il n'y avait aucune émotion d'aucune sorte visible sur son visage – rien du tout, à l'exception de l'intense intérêt de l'expert.

À ce moment-là, Mason se laissa aller au dossier de sa chaise. Le résultat était évidemment satisfaisant.

"Est-ce que cet homme est marié?" Il a demandé.

La femme ne répondit pas. Elle pressa simplement ses mains plus fort contre son visage. Le conseiller attendit quelques instants. Puis il répéta :

"Est-ce que cet homme est marié?"

Les mains de la femme tremblaient violemment. "Non", sanglotait-elle, "et il ne le sera jamais." Les rides sur le visage de Randolph Mason devinrent profondes et résolues, comme on a vu les rides sur le visage d'un grand médecin lorsque, dans un cas désespéré, il se détourna finalement du chevet du patient pour rédiger l'ordonnance sur laquelle il avait décidé.

« Madame, » dit-il d'une voix ferme et sans protestation, « cet homme, Dalton, est peut-être une personne d'une certaine érudition. Puisqu'il est le conseiller juridique de votre belle-mère, il aura l'affaire entre ses mains. Il est sous votre influence. Un problème pourrait-il être plus simple ? Vous n'avez qu'à aller vers lui et lui dire ce que vous m'avez dit. Il saura quoi faire.

Elle baissa les mains avec étonnement.

« Aller vers lui ? Aller vers lui ? répéta-t-elle.

"Oui", dit Mason, "et dis-lui la vérité, et attends."

«Mais», commença la jeune Mme Van Bartan , «comment pourrait-il m'aider? Ce qui pourrait--"

"Madame," interrompit Mason en se levant, "c'est votre manteau, je crois. Permettez à mon commis de vous aider à monter dans votre voiture.

II

R obert Dalton était de bon sang, descendant de familles coloniales de haut rang. Il avait peut-être une trentaine d'années, n'avait pas l'air d'un homme ordinaire, droit comme une flèche, avec un visage puissant dans lequel chaque trait semblait proéminent ; des cheveux assez prématurément gris, doux et collants comme ceux d'une femme , et en même temps des manières courtoises à un tel degré que les jeunes et les autres, peu habiles à deviner la nature des hommes, associèrent à M. Dalton des relations de nature soi-disant romantique. . Cette conclusion était tout à fait erronée et donna lieu à de nombreux commérages inutiles. En fait, Robert Dalton était un homme austère et pratique, possédant de grandes connaissances juridiques, sans plus de romantisme dans sa composition qu'un charpentier naval. Dans l'exercice de sa profession, il était toujours froid, lucide et technique, ne faisant confiance à personne et ne craignant personne ; en vérité, affirmaient les farceurs, sa courtoisie était en soi une diffamation, car parmi tous les membres du barreau, personne n'était plus rigide, plus exigeant ou plus implacable que Robert Dalton, de Carpenter, Lomax et Dalton.

La constitution mentale du jeune Dalton le rendait particulièrement précieux en tant qu'avocat de la chancellerie, et il assuma progressivement ce département des affaires jusqu'à ce qu'il soit presque entièrement entre ses mains. Pendant des années, il rédigea tous les actes de procédure difficiles, particulièrement difficiles en raison de la pratique rigide de la common law en vigueur dans les Virginies. Il rédigea également tous les actes, testaments et papiers de même teneur, avec un soin et une habileté si inhabituels qu'il acquit rapidement une réputation, genre de réputation qu'il faut habituellement toute une vie pour établir, et dont la valeur est au-dessus des rubis.

Lorsque les juges parlaient de lui , ils disaient : « Si M. Dalton a préparé ce document, il est probablement exact. »

Il serait imprudent d'attribuer au jeune Dalton un mépris total des relations sociales. L'erreur d'une telle affirmation serait facilement détectée par ceux qui le connaissaient. En fait, il était habituellement présent à des réceptions sociales importantes et était largement recherché en raison de sa nature magnétique et du charme de son esprit vigoureux.

Le père du jeune Dalton avait été un homme aux habitudes imprévoyantes et, immédiatement après la mort de sa femme, il avait dilapidé ses vastes propriétés dans une débauche de dissipation, de sorte que son fils n'avait hérité que d'un manoir délabré et d'un seul esclave. Ce domestique, un pur nègre, était profondément attaché au jeune Dalton, et tous deux continuèrent à résider dans le manoir près de la banlieue de la ville, le nègre faisant office de cuisinier, de valet de chambre et d'homme à tout faire. Ce manoir fut l'un des premiers construits dans les Virginies. Elle était entourée d'une longue pelouse mal entretenue, où les vieux chênes noueux semblaient veiller sur le souvenir de quelque grandeur disparue. La maison elle-même, recouverte de vigne vierge verte, n'était guère mieux qu'une ruine. Le plâtre des grands piliers était tombé et les murs étaient fissurés par endroits, presque jusqu'au toit.

Curieusement, Robert Dalton n'a jamais tenté de réparer le domaine, se félicitant plutôt de son air de délabrement. Cette affirmation n'est pas entièrement exacte. Il a en effet aménagé l'ancien salon en bibliothèque, en plaçant des rangées de bibliothèques à côté de longs miroirs antiques et de sièges de fenêtre en acajou. Ces bibliothèques étaient entièrement remplies de rapports de tribunaux, de résumés tardifs, de décisions des tribunaux de dernier ressort et de volumes après volumes sur les testaments, les contrats et les sociétés, mais à peine un volume sur la littérature standard ou actuelle. Pour ces derniers, il n'avait aucune inclination et, comme il l'expliqua en s'excusant, pas le temps.

C'est dans cette bibliothèque que Dalton effectua l'essentiel de son travail juridique, obtenant ici l'absence d'interruption et la tranquillité dont il avait besoin.

Au fur et à mesure du développement de la ville, cette rue de banlieue négligée fut saisie et devenue le quartier à la mode par les riches familles orientales. Ils l'ont pavé loin dans le pays et ont impitoyablement anéanti les splendides vieilles fermes, érigeant sur leurs ruines des palais ostentatoires aux pelouses soignées, rappelant pas peu ce vandalisme civilisé qui découpait de son cadre la superbe peinture d'un paysage et y remplacer une carte pratique et tout à fait précise du même paysage.

Ces familles riches ont également balayé les vieilles coutumes sociales de cette ville, instaurant des formalités élaborées et des normes appauvrissantes en matière de tenue vestimentaire et de divertissement.

Le leader reconnu était Mme LeConte Dean, l'épouse d'un fabricant de clous très riche. Ses réceptions étaient les événements mondains. En effet, on a dit que la reconnaissance par cette importation nouvellement riche déterminait le statut social d'un individu.

Les Van Bartan étaient une autre de ces riches familles venues directement de la ville de New York. Le père avait fondé de gigantesques usines sidérurgiques dont il tirait un revenu princier. À sa mort, l'épouse, une femme sombre et aux préjugés effrayants, avait continué à entretenir leur maison de campagne avec une élégance somptueuse, quoique plutôt glaciale. Ils eurent un enfant, Gerald Van Bartan , un jeune homme totalement sans valeur, aux habitudes extravagantes et aux objectifs errants ; néanmoins une jeunesse de générosité et de bienveillance. Le garçon était une source de vexations incessantes pour sa mère.

Carpenter, Lomax et Dalton étaient ses avocats ; surtout Robert Dalton, en qui elle avait la plus grande confiance, et il n'était pas rare qu'elle lui parle longuement de ses difficultés avec son fils, et finissait généralement par se mettre dans une colère immense.

Lorsqu'un matin du début de l'automne, on annonça que Gerald Van Bartan allait bientôt épouser Miss Columbia Summers, une jeune dame d'une grande beauté et de lignée aristocratique, mais aux finances réduites et mordantes, la ville fut très justement indignée. Robert Dalton avait fait la cour à cette jeune femme pendant de nombreuses années, et les entremetteurs auto-constitués avaient depuis longtemps rédigé leur décret dans cette affaire et l'avaient rejeté, et ils ressentaient, comme un affront presque personnel, le fait de s'éloigner de leur des plans.

Là-dessus, des gens oisifs parlèrent du grand coup porté à Dalton, de son cœur brisé et d'autres bêtises. Il n'y avait aucune preuve que Robert Dalton avait autre chose qu'un intérêt passager dans cette affaire, et ni ses partenaires ni les autres proches de l'homme ne soupçonnaient que ces ragots contenaient un élément de vérité. En fait, il en était venu à être considéré comme un homme stoïque. construire.

Lorsque cette rumeur parvint aux oreilles de Mme Van Rartan , elle la reçut avec un calme presque suspect et, quelques jours plus tard, fit venir Dalton, son avocat, et lui demanda si elle pouvait disposer de la totalité de ses biens. À cela, Dalton répondit qu'elle le pouvait, le titre de propriété lui étant passé en vertu du testament de son mari, dont elle était l'unique bénéficiaire. Là-dessus, elle sourit et dit qu'elle pourrait avoir besoin de ses services plus tard.

Le mariage et les réceptions qui suivirent furent de grandes fonctions sociales, et pendant trois ans par la suite, Mme Van Bartan entretint les deux jeunes gens dans la plus grande magnificence débraillée, la femme aînée anticipant tous les souhaits de la plus jeune et accumulant sur elle les robes et les bijoux les plus coûteux. être eu.

Pendant ce temps, Carpenter et Lomax surveillèrent Dalton de près, mais ils ne purent déceler aucun changement chez l'homme, sauf peut-être qu'il était encore plus rigide et exigeant dans ses transactions professionnelles.

ainsi sans incident jusqu'à la nuit réservée à la première réception d'automne de Mme LeConte Dean. Il s'agissait d'événements annuels de grande réjouissance, auxquels participaient de nombreux participants. La nuit fut peu propice, humide et brumeuse, comme le sont habituellement les nuits d'octobre dans cette région, mais cela ne gêna en rien l'occasion ; en effet, on s'en souvient longtemps comme d'une magnificence saisissante.

Cette réception, Robert Dalton décida de ne pas y assister, en partie parce qu'il évitait autant que possible tout rassemblement auquel il pourrait être invité avec la jeune Mme Van Bartan , mais principalement parce que l'entreprise avait une affaire importante devant la Cour fédérale alors en instance, et on lui avait demandé de préparer un décret élaboré pour le lendemain.

Après avoir décidé de rester chez lui, Robert Dalton se rendit dans sa bibliothèque, rassembla ses ouvrages de référence tirés de leurs dossiers et commença la préparation de son article juridique. Ce décret lui parut plus difficile à rédiger qu'il ne l'avait prévu et, s'efforçant d'en régler les détails complexes, il devint de plus en plus absorbé jusqu'à devenir totalement inconscient de son environnement et du temps qui s'était écoulé.

Enfin il se leva pour parler de quelque rapport qui n'était pas à la portée de sa main. Alors qu'il se tournait vers la lumière, il aperçut une femme, enveloppée dans les plis d'un long manteau de fête, debout, la main sur la porte, comme si elle venait d'entrer. Dalton fut si étonné qu'il se frotta littéralement les yeux pour vérifier s'il n'était pas victime d'une illusion. Sur quoi la femme rejeta son manteau et s'avança vers la table, quand il s'aperçut avec étonnement que c'était la jeune Mme Van Bartan . Pour cet homme, elle semblait une fille des dieux mêmes, dans la pleine épanouissement de sa féminité. Le riche manteau de velours rejeté sur ses épaules nues, la robe de bal accrochée comme des toiles gonflées à une forme que son esprit maussade avait idolâtrée ; ses yeux brillaient et ses magnifiques cheveux s'enroulaient en boucles lâches au-dessus de sa délicate tête.

Il serait bien fastidieux de raconter en détail ce qui s'est passé dans cette nuit d'octobre ; comment la jeune femme expliqua qu'elle avait enfin deviné l'intention de l'aînée Mme Van Bartan , et comment elle avait espéré voir Dalton chez le LeConte Dean, et ne pas le trouver s'était enfuie, et, profitant de la nuit brumeuse, avait été conduit sans surveillance jusqu'à sa maison pour implorer son aide ; comment elle est venue se tenir à côté de lui et lui a souligné les résultats redoutables qui suivraient sûrement les intentions contre nature de l'aînée Mme Van Bartan , résultats désastreux pour elle et pour les siens. Gerald Van Bartan ne valait rien, elle le savait ; on ne lui avait jamais appris à travailler ; il était maintenant trop vieux pour apprendre ; cela signifierait la pauvreté, une pauvreté écrasante et une honte pire que tout ; et son père, âgé et en mauvaise santé, et les autres, tous dépendants d'elle, seraient jetés dehors et se blottiraient dans la mendicité, littéralement, la mendicité.

Comment Dalton a répondu qu'il ne pouvait rien faire ; lui rappelant que l'aînée Mme Van Bartan était une femme d'une volonté de fer, d'une ferme détermination, d'une détermination implacable, et que ni lui ni aucun autre homme vivant ne pouvait l'influencer. Et comment, comme une femme, elle répondit que lui, Dalton, serait envoyé chercher pour faire le testament, et qu'il devait la sauver d'une manière ou d'une autre, elle ne savait pas comment, - il le saurait, il était astucieux, c'était un grand avocat. , il pourrait certainement trouver un moyen ; elle le savait, et il devait le faire.

Et combien il s'efforçait de lui montrer qu'il ne pouvait rien faire – absolument rien ; que tout cela était désespéré, complètement, totalement désespéré ; et puis comment elle est venue vers lui et a mis ses bras blancs et nus autour de lui et a regardé son visage, les grosses larmes brillant dans ses yeux glorieux, et a dit que si cela était vrai, alors elle se proposait de lui dire toute la vérité, la la vérité qu'elle l'aimait, lui seulement dans le monde entier, lui toujours depuis son enfance, et que pour les autres elle avait fait ce sacrifice ; et à quel point ce sacrifice avait été grand et horrible, les hommes ne pouvaient pas comprendre. Comment il lui lâcha froidement les bras, même si cela lui arrachait le cœur ; bien qu'il eût volontiers donné sa vie pour la prendre dans ses bras ne serait-ce qu'un instant, et lui dire comment il comprenait et combien il l'aimait pour cela, et comment il l'aimerait toujours jusqu'à la fin de toutes choses ; mais, au lieu de cela, comment il l'avait sévèrement conduite jusqu'à la voiture et l'avait forcée à le quitter, et comment il était retourné dans la bibliothèque la tête qui tournait et le cœur battant comme un marteau, et avait lutté contre tout cela pendant de longues années. Nuit d'octobre, jusqu'à ce que l'aube se lève et que les oiseaux se mettent à gazouiller dans la vigne vierge.

Quelques semaines plus tard, comme prévu, Mme Van Bartan aînée convoqua Robert Dalton à sa résidence afin de préparer son testament. À son arrivée, il rencontra Simon Harrison, président de la First National Bank, et David Pickney, un fabricant d'acier, tous deux d'éminents citoyens d'une intégrité incontestée ; aussi feu Milton South, un médecin des plus estimables. À la demande de Mme Van Bartan , Robert Dalton a préparé le testament en présence de ces trois personnes. Lorsqu'il eut fini, il remit le papier à la testatrice, qui le lut alors à haute voix en présence de tous, le déclara entièrement exact et apposa sa signature. Comme d'habitude, Dalton a demandé aux trois messieurs de converser avec la testatrice et de s'assurer qu'elle était en bonne condition mentale. Ils le firent assez longuement, et non sans habileté , tous étant des hommes de bon sens. Par la suite, Harrison et Pickney ont inscrit leurs noms comme témoins de la manière prescrite par la loi. Mme Van Bartan a ensuite placé le testament dans une enveloppe, l'a scellé de sa propre main en présence de tous et l'a donné à Simon Harrison pour qu'il le conserve jusqu'à sa mort.

Le dix-septième jour de décembre suivant, Mme Van Bartan mourut subitement, et quelques jours après, le testament fut ouvert et lu à sa dernière résidence par Simon Harrison, exécuteur testamentaire. Gerald Van Bartan et sa jeune épouse étaient présents, tout comme Robert Dalton et les autres personnes qui accompagnaient le défunt au moment de la rédaction du testament. Les membres les plus âgés du cabinet d'avocats, Carpenter et Lomax, étaient également présents et, à la demande d'Harrison, le ministre épiscopal, le révérend M. Boreland , et son avocat, un obscur praticien nommé Gouch .

Le testament était court, laissant la totalité de la succession, réelle et personnelle, en la nommant spécifiquement, à quelque fin religieuse ; et, dans un esprit de plaisanterie sinistre, semble-t-il, un dollar chacun à ses « enfants bien-aimés », Gerald Van Bartan et Columbia Van Bartan , son épouse.

L'effet de ce testament sur les deux jeunes gens, tandis que l'exécuteur testamentaire lisait lentement ses dispositions, exigerait qu'un dramaturge d'une certaine stature le décrive. Le visage de la femme devint tiré et exsangue. Les genoux de l'homme semblaient céder et il serait tombé si on ne l'avait pas aidé à s'asseoir.

Dalton, les hommes ne l'ont pas remarqué, car c'était un acteur habile . Lorsque l'exécuteur testamentaire eut terminé, M. Lomax saisit Carpenter par le bras et lui demanda à voix basse s'il avait remarqué un défaut dans le testament. Carpenter a répondu que non, mais qu'il avait prêté peu d'attention à sa forme, sur quoi Lomax lui a demandé de l'examiner de près. Le conseiller aîné s'approcha d'Harrison et commença à examiner attentivement l'instrument. Bientôt, il s'arrêta avec étonnement et posa son doigt sur le papier.

« Ce testament, dit-il, est totalement nul. »

À ces mots, le sang revint au visage de Columbia Van Bartan . Elle fit deux pas vers Robert Dalton, puis se tourna et enfouit son visage dans les plis d'un lourd rideau. Dalton était calme et totalement incrédule.

« Je pense que vous vous trompez lourdement, M. Carpenter, » dit-il doucement.

"Une erreur?" répondit le conseiller. «Eh bien, ce legs est fait simplement à 'St. L'Église épiscopale de Luc. Cette organisation n'est ni un individu ni une société ; il n'a pas d'existence juridique reconnue. Et cette demande doit échouer faute de legs.

À ce stade, Harrison, qui était un homme lent mais très prudent, l'interrompit et expliqua avec une grande précision que le testament était dans les moindres détails exactement comme la testatrice l'avait souhaité ; que même la langue utilisée était sa langue ; qu'elle avait dit « St. Luke's Episcopal Church », et que M. Dalton l'avait écrit dans l'instrument exactement comme Mme Van Bartan l'avait dit, et qu'il ne pouvait y avoir aucune erreur possible, que ce soit par accident ou à dessein.

Carpenter était sur le point de répondre, lorsque Lomax, remarquant son enthousiasme, s'interposa entre Harrison et l'aîné des avocats, et souligna longuement que tout cela était sans aucun doute vrai, mais que, selon la loi, une organisation religieuse indéfinie ne pouvait pas le faire. faire un legs ; que cela n'était généralement pas connu de ceux qui ne connaissaient pas les affaires juridiques, mais que M. Dalton aurait dû savoir que, pour céder des biens à une organisation religieuse, ils doivent être donnés à un conseil d'administration, ou à une ou plusieurs personnes , nommé dans le testament, dans un but déterminé et précisément déterminé ; que cela, M. Dalton aurait dû l'expliquer, et que le fait d'avoir écrit les paroles exactes de Mme Van Bartan avait contrecarré ses intentions et rendu ce legs nul.

« Mais, monsieur, » répliqua pompeusement Me Gouch , « l'intention de la testatrice doit prévaloir. Je ne vois pas… »

« Allons, allons, mon brave homme, s'écria Carpenter avec colère, c'est ce qu'on appelle en Virginie une « charité vague et indéfinie ». De tels legs sont restés nuls pendant près d'un siècle. Pourquoi Silas Hart a tenté de créer un tel projet dès 1790, et John Marshall, juge en chef des États-Unis, l'a déclaré nul en droit. Vingt ans plus tard. Joseph Gallego a tenté de léguer une œuvre de charité similaire à l'Église catholique romaine de Richmond, et Henry St. George Tucker, président de la Cour suprême de Virginie, a estimé dans un avis célèbre qu'elle devait échouer, et depuis lors jusqu'à aujourd'hui, le Les tribunaux de ce pays ont transmis cette erreur courante des testateurs et de leurs conseillers incompétents.

Robert Dalton leva les yeux avec inquiétude. « Dans quels cas ? balbutia-t-il.

«Quels cas!» cria presque le conseiller aîné, car il s'était maintenant complètement mis en colère. «Quels cas, maladroit ! Demandez le plus petit brouillard ; demandez au juge de paix le plus ordinaire, mais ne me catéchisez pas . Et après s'être délivré de ce venin, il saisit son chapeau et sa canne et sortit de la maison. Il était très enragé à l'idée qu'un homme de l'érudition de Dalton, membre d'une entreprise de haut rang, puisse commettre une erreur aussi prodigieuse.

Plus tard dans la journée, Robert Dalton est venu au bureau et a demandé à Carpenter et Lomax de le rejoindre dans sa chambre privée. Son visage montrait clairement les signes d'une grande tension mentale. Lorsqu'ils furent ensemble, il ferma la porte et, se tournant vers eux, dit qu'il avait examiné la question qu'ils avaient soulevée au sujet du testament de Mme Van Bartan , et qu'il était maintenant convaincu d'avoir commis une erreur prodigieuse dans la rédaction. L'instrument; que comme son erreur priverait une église puissante d'un vaste domaine, des critiques sans fin du caractère des plus acrimonieux s'ensuivraient ; qu'il n'était pas juste qu'une partie de ces critiques retomba sur les épaules de Carpenter ou de Lomax et que, par conséquent, il avait décidé de se retirer publiquement de l'entreprise. Ils n'y firent guère d'objection courtoise et Dalton se retira en conséquence, publiant une annonce à ce sujet dans les journaux quotidiens.

La rumeur d'une grave erreur dans le testament de Mme Van Bartan se répandit dans la ville avec la rapidité merveilleuse d'une mauvaise rumeur. Les coupes de critiques amères furent versées sur la tête de Robert Dalton. Les hommes ont déclaré qu'ils soupçonnaient depuis longtemps qu'il était un imposteur, un ignorant feint, un dangereux gaffeur.

L'exécuteur testamentaire, Harrison, comme c'était son devoir, a tenté d'exécuter le legs caritatif, mais a bien sûr échoué. Sur ce, la presse de la ville se leva sur la place du marché, comme le pharisien complaisant , et déclara que de nos jours les erreurs étaient des crimes ; qu'il ne suffisait pas à un avocat de faire de son mieux, il était de son devoir de savoir ; il ne suffit pas qu'un avocat soit honnête, il faut aussi qu'il soit compétent ; que le droit était un métier savant dans lequel le maladroit était aussi dangereux que le fripon ; que de vastes domaines étaient transmis par testament, et avec quelle facilité, par erreur ou à dessein, un avocat pouvait détruire le souhait le plus sacré du testateur ; il pouvait priver l'infortuné de son droit, le dépendant de son héritage, ou l'institution charitable de l'aide de son patron, et tout cela sans apparence de faute criminelle. La loi, affirmait-il, punissait d'une main implacable l'homme qui commettait des erreurs dans des postes de confiance ; il punissait de peines terribles l'homme qui faisait une bévue dans le feu de la passion, mais il n'avait ni censure, ni aiguillon, ni fléau pour l'homme qui faisait une bévue au chevet du mourant.

Ainsi, la renommée d'avocat de Robert Dalton fut condamnée à la plus grande noirceur.

III

U N certain sombre jeudi de janvier, Randolph Mason était assis dans son bureau, absorbé dans l'étude d'une grande carte étalée sur sa table. Le jour était si sombre et si maussade que la lumière électrique au-dessus de la table avait été allumée. Bientôt, la porte s'ouvrit et le petit employé Parks entra. Il observa attentivement l'avocat pendant quelques instants ; puis il retira la tête. Quelques minutes plus tard, la porte s'ouvrit à nouveau et une femme entra et la referma derrière elle. Elle s'arrêta et regarda le conseiller, penché sur sa carte. Le tableau n'était pas agréable. Les cheveux gris et striés de l'homme étaient ébouriffés et son visage musclé, sous l'éclat de la lumière, était plutôt plus brutal qu'autrement. Puis elle se dirigea vers la table et jeta un journal sur la carte.

« Auriez-vous la gentillesse de lire ce paragraphe marqué ? dit-elle.

Randolph Mason leva les yeux. Pendant un instant, il ne se souvint pas de la femme, tant son visage était très blanc. Puis il reconnut sa cliente, Mme Van Bartan .

« Vous me pardonnerez, madame, dit-il. «Je suis profondément engagé. Veuillez venir ici demain.

«Je dois regretter», dit la femme, «d'être venue ici. Voudriez-vous s'il vous plaît lire ce paragraphe ? Et elle posa le doigt sur le journal.

Le conseiller a regardé le journal.

le Herald d'aujourd'hui que Robert Dalton, Esq., a navigué pour le Japon, où il est dit qu'il deviendra professeur de droit dans l'une des universités nationales. M. Dalton, on s'en souvient, est l'avocat dont la stupide erreur a invalidé le testament de Van Bartan , et il faut espérer qu'il se montrera plus efficace au service du Mikado. On ne peut pas dire que le barreau des Virginie regrette le départ de M. Dalton. Il était manifestement incompétent, et de tels hommes jettent le discrédit sur la profession juridique.

« Et tout cela ? » » dit Mason. « Vous avez obtenu ce que vous désiriez. Pourquoi me harcelez-vous avec ces absurdités ?

«Je l'ai obtenu», répéta amèrement la femme. « Oui, grâce à votre ingéniosité diabolique, je l'ai obtenu, mais à quel prix ! J'ai l'argent, mais il est barbouillé du sang du cœur d'un homme. Le prix de l'honneur d'un homme est gravé sur chaque pièce de monnaie. Je déteste tout ça. Tout ce que je vois, chaque fil qui me touche, me nargue de la honte d'un tel sacrifice.

La voix de la femme était ferme, mais sa silhouette tremblait comme un fil tendu.

"Madame." " dit Randolph Mason, " vous m'énervez. Je n'ai aucun intérêt dans ces bêtises.

« Cela ne vous intéresse pas ? s'écria la femme. « Toi, ça ne t'intéresse pas ? Ce n'est pas toi qui l'as fait ? Toi et le diable lui-même ? Vous avez concocté ce plan. Vous avez dit d'aller le voir et de lui dire, et il saura quoi faire. Votre ingéniosité diabolique a vu ce qui en résulterait, mais vous ne me l'avez pas dit. Vous ne m'avez pas dit que cet homme serait obligé de déchirer sa vie en deux comme un tissu pour me sauver, et qu'il le ferait. Si j'avais su cela, pensez-vous que j'aurais continué un instant ? Pensez-vous que j'ai voulu la richesse, ou la facilité, ou le luxe, au prix de l'espoir, de la renommée et de l'honneur d'un homme ? Je te le dis, misérable gaffeur, cette chose coûte trop cher.

« Bavardage », dit Mason en se levant.

"Bavarder!" s'écria la femme en la frappant fort sur la table. « Est-ce que vous appelez ça du bavardage ? Je vous accuse , m'entendez-vous, je vous accuse de la ruine de la vie de cet homme.

« Madame, dit Randolph Mason, le vice de votre erreur réside dans le fait que vous auriez dû consulter un prêtre. Je ne me soucie pas du non-sens de l'émotion.

Puis il se tourna brusquement et sortit de la pièce.

(Voir Amer, and Eng. Enc of Law. vol. ii., page 926, et les cas qui y sont discutés ; voir aussi State us. Richardson, SC 35 Lawyers' Reports Annotated, 238, et les cas cités ; aussi Constitution of the États-Unis, art., et Constitution de Virginie-Occidentale, art. 3, section 5.)

UNE FOIS EN PÉRIL

je

Le shérif s'arrêta sur les marches du palais de justice, repoussa son chapeau de paille de son front, rapprocha un peu ses lunettes de son gros visage et se mit à contempler les limites de sa juridiction officielle, d'un air de monsieur. sur le point d'en déduire une loi.

Le petit siège du comté de Tug River dormait dans une poche. Derrière elle et de tous côtés, sauf le fleuve, se trouvaient de grandes montagnes, à moitié cachées par un gigantesque manteau de brouillard. De l'autre côté, des grandes centrales à charbon de la Norfolk and Western Railroad s'élevait un contre-vent de fumée, dense et volumineuse, qui s'étendait comme une main noire au-dessus de la ville et jusqu'au brouillard de la montagne. L'homme, semble-t-il, avait conspiré avec la nature pour dissimuler et cacher la ville de Welch.

"Étrange", dit le shérif d'une voix traînante, "étrange qu'un homme blanc soit prêt à quitter un paradis comme celui-ci, et avec de l'eau de rivière dans le ventre en plus." Puis il rit confortablement.

Le shérif du comté de McDowell allait bien. Il représentait tout l'appareil judiciaire en vigueur au sud de Tug River, et il assumait cette responsabilité capitale avec la grâce langoureuse d'un employé de banque dans une organisation caritative allemande .

Le shérif était un Virginien. Mais, merveille des merveilles, c'était un Virginien sans titre. Il s'agissait tout simplement de WM Carter. La déclaration n'est pas tout à fait exacte. Parmi les garçons, il était « White » Carter. Mais il n'était ni « colonel » ni « major », et il se glorifiait de cette distinction et la gardait bien. Le shérif était un homme confortablement gros et très sympathique. Ses yeux étaient ronds, bleus et rêveurs, et il ne se pressait jamais. Il n'a jamais été brusque ni discordant. Il se glissait facilement dans n'importe quelle position et le remplissait sans ondulation, comme l'eau s'infiltre et remplit les contours d'un récipient.

Pourtant, le shérif allait bien. Lorsqu'il regardait de ses yeux bleus rêveurs, à travers ses lunettes sans monture, un mineur noir qui avait utilisé son rasoir comme complément à une dispute et demandait gentiment au nègre de l'accompagner jusqu'aux limites de la prison du comté, c'était aussi certain. comme l'avènement de la mort à laquelle le nègre obéirait, et obéirait sans commentaire. Et lorsque le shérif monta sur son cheval « sombre » et s'enfonça dans les montagnes dans le but d'inciter un contrebandier à redescendre vers la civilisation et à soumettre ses droits à la décision d'un tribunal judiciaire, c'était une histoire connue que le Moonshiner venait toujours.

Pour l'étranger curieux, aucun homme ne semblait originaire de McDowell.

Cette impression venait du fait que l'étranger était attaché au chemin de fer et aux villes charbonnières qui surgissaient dans son sillage, et que dans celles-ci, chaque homme venait de quelque part. Le chemin de fer avait amené les compagnies charbonnières, et les compagnies charbonnières avaient amené les nègres, et ainsi les villes surgirent et les méthodes habituelles, rudes et expéditives, de civilisation commencèrent. Puis vinrent le politicien et l'aventurier, et se mêlèrent joyeusement, et à partir de ce moment le comté de McDowell devint industriel et républicain, et tout « marcha ». Mais il y a quelques années, avant que la section du Norfolk and Western Railroad ne quitte le comté de Mercer, il y avait à McDowell une population qui n'était pas républicaine et qui n'est pas « partie ». C'étaient des hommes aux membres longs, indolents et « bricoleurs » dans le combat. Ils fabriquaient du whisky de maïs quand bon leur semblait, votaient pour le candidat démocrate quand bon leur semblait, et ne rendaient de comptes à personne. L'agent des impôts est venu et a regardé les grandes montagnes couvertes de chênes géants d'un siècle, a conclu que les lois n'étaient pas violées et en a fait rapport au gouvernement. C'était bien plus confortable que de gravir ces mêmes montagnes sans en redescendre du tout, ou peut-être de descendre avec une balle d'écureuil sous les côtes. De son époque et de sa génération , l'agent des impôts était un homme sage.

Ici, le citoyen est né comme il se passait, a vécu comme il a pu et est mort selon la nécessité, et le monde extérieur ne le savait pas, ne s'en souciait pas et ne s'en préoccupait pas. Ce n'étaient pas de mauvaises personnes. Moralement, ils étaient aussi bons que le soleil se réchauffait. Leur vie n'a donné lieu à aucune imposture. S'ils s'aimaient, ils vivaient ensemble et étaient heureux, et s'ils se détestaient, ils se disputaient. La querelle est généralement à découvert. Cela existait en vérité, mais cela aboutissait rarement à autre chose qu'une « bagarre » dans un moulin à farine, mais quand cela devenait sérieux, cela devenait vraiment très sérieux. L'alpiniste tirait toujours pour tuer. Ce n'était pas un homme de demi-mesures ; c'était une guerre libre, ouverte et aérée, et c'était peut-être un combat aussi sain que n'importe quel autre. Dans le pire des cas, le moonshiner indigène était un meilleur homme que le mineur importé à son meilleur. Dans le brouillard des montagnes, des hommes furent tués ; dans la fumée des fours à coke, ils furent assassinés ; et entre les deux mots il y a une distinction aussi grande que l'honneur d'un peuple.

Le « tueur » était courant à McDowell, mais pas le suicide, peut-être parce que les hommes se suicident rarement dans les montagnes. C'est une astuce d'une civilisation blasée qui se pratique dans les villes encombrées, inconnue et non pratiquée par les habitants des collines. Des hommes sont morts dans les montagnes, mais par la main d'autrui.

Le shérif était donc perplexe. Ce matin-là, le corps de Brown Hirst, directeur de l'Octagon Coal Company, avait été retrouvé dans les eaux boueuses de la rivière Tug, juste en aval du pont. Au-dessus, sur la balustrade du pont, son manteau et son gilet avaient été retrouvés, pliés et apparemment soigneusement posés sur une poutre. Le pont était très haut au-dessus du ruisseau rocheux et le corps de l'homme était gravement écrasé, presque méconnaissable. L'homme avait manifestement sauté du pont avec l'intention délibérée de se suicider. Tout cela, le shérif l'avait entendu alors qu'il pénétrait dans la ville. Mais les rumeurs sont sinistres, le shérif le savait, et il a décidé de s'adresser immédiatement au procureur. Il voulait que l'histoire vienne directement de quelqu'un qui puisse extraire les faits de la fiction. Sur les marches du palais de justice, le shérif s'était arrêté un moment et avait fait quelques observations à lui-même. Mais une foule commençait à se rassembler dans la rue en contrebas, et le shérif, parfaitement conscient que cela présageait une demande d'opinion et n'étant pas content d'en exprimer une, il se tourna brusquement et passa dans le palais de justice.

L'homme d'ordre parcourut tranquillement le couloir jusqu'au bureau du procureur et entra. Une jeune fille mince aux cheveux roux martelait une machine à écrire avec l'énergie d'un moteur de deux chevaux. Les conventions ont été abrégées chez McDowell. Le shérif entra.

« Où est Jeb ? » dit-il d'une voix traînante.

La jeune fille aux cheveux roux s'arrêta un instant et passa son pouce par-dessus son épaule. «Là-dedans», dit-elle, «occupée». Puis elle a continué.

Miss McFadden était économiste ; elle n'a pas perdu de mots. Le shérif ouvrit la porte et entra dans le bureau privé. Le procureur s'est retourné par la fenêtre.

« Bonjour, Blanc ! » il a dit: "tu es l'homme que je veux."

"Ce qui indique," dit le shérif d'une voix traînante, "que vous êtes un jeune d'un grand discernement."

« Quand on a besoin de bon sens, dit le procureur, votre connaissance est précieuse. À d'autres moments, c'est un luxe.

« Ensemble, observa doucement le shérif, nous créons une sorte d' atmosphère intellectuelle équoasinus , je suppose.

L'avocat prit une chaise et la plaça près de la fenêtre.

« Asseyez-vous là, dit-il, et écoutez. » Puis il ferma la porte et, traversant la pièce, commença à ouvrir le coffre-fort près de son bureau.

Le shérif s'assit docilement et tourna ses yeux bleus rêveurs vers le jeune avocat.

Le procureur du comté de McDowell était un article importé. Comme les anciens sages, il venait d'Orient, mais la manière dont il est venu n'était pas tout à fait celle des premiers sages . Le shérif était venu des collines de Virginie, tandis que le procureur était venu de la mer. Non pas que ce jeune descendant de la loi soit un marin ou le fils d'un marin, mais un certain après-midi d'été, dans une certaine station balnéaire à la mode, le destin jeta soudain les jouets avec lesquels elle l'amusait, et il comprit immédiatement que le monde était un tapis roulant ordinaire au lieu d'une traînée française venteuse.

Ce fut un choc violent, mais la colonne vertébrale du jeune M. Huron était en bonne santé et, au lieu de descendre du quai, à dix heures du soir, il manifestait devant un certain riche sénateur qui possédait de gros intérêts houillers en Virginie occidentale. qu'il serait d'une grande sagesse d'envoyer un jeune homme brillant ayant une formation juridique dans cette grande région minière dans le but d'enquêter sur les titres fonciers et de garder un œil sur les industries en général, et, comme il est dit dans la loi, « à d'autres fins ».

Le vieux sénateur n'était pas pour autant aveugle à la très faible efficacité de la matière première, mais il avait un cœur caché sous son manteau, et à onze heures trente il en fut convaincu. JEB Huron entra donc dans le comté de McDowell, cloua son bardeau et descendit dans la *mêlée* .

Les premiers chapitres de sa carrière juridique étaient des histoires teintées de bleu, mais le contenu de l'épine dorsale du jeune M. Huron était un matériau splendide, et il est resté. La perception de cet homme de loi n'était pas une croissance naine, et il l'utilisait comme un sage. McDowell était républicain vers 1600, et « White » Carter était un grand patron ; *post hoc ergo propter hoc* . JEB Huron était un républicain d'ancienne affiliation, et plus précisément, il était le bras droit de White Carter. Cette sagesse n'était pas sans récompense. La convention qui a nommé Carter au poste de shérif, a nommé Huron au poste de procureur, et le grand patron a réussi à faire sortir son homme en dépit des scissions, des scissions et des contraventions indépendantes. Le procureur était un beau jeune homme avec une bonne tête. Il connaissait la valeur du shérif et il tenait à lui.

Le procureur sortit quelques papiers du coffre-fort, approcha une chaise et s'assit près du shérif.

« Avez-vous entendu parler du suicide de Hirst ? il a dit.

Le shérif hocha la tête. «Tout sauf la note ante mortem», dit-il d'une voix traînante.

Le procureur sourit. "Comment saviez-vous qu'il y avait une note?"

« Jeb, dit le shérif, cela fait partie de l'étiquette du suicide. Aucun homme ne part sans un mot d'adieu. Ce serait une mauvaise forme, Jeb, une manière terriblement mauvaise.

" Alors tu l'as deviné?"

«Non», répondit le shérif avec lassitude, «ma matière grise m'a été accordée à des fins d'utilité. J'ai conclu."

Le procureur a sélectionné une lettre dans le paquet de papiers et l'a remise au shérif. Ce fonctionnaire a soigneusement examiné l'enveloppe, puis il l'a ouverte lentement et a étalé la lettre ci-jointe sur le bureau devant lui.

« Octagon Coal Company », lut-il lentement, « Mineurs et expéditeurs de charbon et de coke, Welch, Virginie occidentale. Robert Gilmore, président. Brown Hirst, directeur commercial. Tous les accords dépendent des grèves, des accidents et d'autres retards inévitables ou indépendants de notre volonté.

Le shérif s'arrêta un instant. «Écrit au bureau», observa-t-il, «avec un stylo, sur le papier à lettres de l'entreprise».

Le gardien de l'ordre ôta ses lunettes, les essuya soigneusement, les remit sur son nez et continua :

« Les officiers de justice sont informés que moi, Brown Hirst, je me suis suicidé, délibérément et à un moment où je suis en pleine possession de mes facultés. Mes raisons pour cela n'ont aucune importance pour la loi et sont donc cachées. Cette déclaration est faite uniquement dans le but d'empêcher toute conclusion de meurtre, et dans aucun autre but . — Brown Hirst.

Le shérif replaça la lettre dans son enveloppe. « Cela, a-t-il dit, est une communication sensée. Par la plus haute flamme sur l'autel de la folie, c'est une communication extrêmement sensée. Où l'as tu trouvé?"

« L'habit et la veste, répondit l'avocat, ont été trouvés soigneusement pliés sur la balustrade du pont. Cette lettre se trouvait dans la poche de poitrine du manteau. Hirst a manifestement procédé à sa mort avec beaucoup de délibération. Pourtant, je ne vois aucune raison de me suicider.

« Jeb, » dit le shérif d'une voix traînante, « vous avez *beaucoup* de motivations. Tout doit avoir un motif imprimé à l'encre rouge sur le devant. Ne peut-on pas permettre à un citoyen obscur de changer de résidence permanente et de conserver ses raisons ? Le monsieur a déclaré dans sa communication que ses motifs n'ont aucune importance en droit. Ne pouvez-vous pas croire ce monsieur sur parole ? Ce n'est pas courtois, Jeb. Au fait, où est le cadavre du défunt ?

« Relevant de la juridiction sacrée du coroner. »

« Et la communauté médicale ? demanda le shérif.

"Le docteur Hart est à Jacktown pour mettre la touche finale, dit-on, au vieux Pap Dolan, alors le coroner a fait appel à un médecin miracle de Cincinnati."

Le shérif rit. « Médecin miracle, dit-il d'une voix traînante, c'est bon, c'est très bon. »

Le procureur a pris les airs d'un instructeur.

« Les guérisseurs », commença-t-il, « peuvent être classés, aux fins d'une classification appropriée, sous trois grands chefs ou grandes divisions, à savoir les « médecins yarb », les « praticiens anciens » et les « médecins miracles ». Sous la première classe peuvent être regroupés les personnes qui cherchent à effectuer des guérisons au moyen des vertus des arbustes, ainsi que cette vaste armée de guérisseurs ruraux connus le long du bassin versant des Alleghanies sous le nom de « saigneurs » et de « vapeurs ». Sous la deuxième grande division sont compris ces professionnels sérieux, censés être instruits dans les mystères de l'économie humaine, qui, pour une considération déterminée, devinent le mal et y introduisent un produit chimique : tandis que la troisième et dernière division est composée de ces mystérieux guérisseurs qui affectent d'empêcher la dissolution au moyen d' un savoir merveilleux ou d'une habileté merveilleuse qui leur est propre.

« Les espèces de la première grande division infestent toute cette grande étendue de pays délimitée par une limite forestière. La deuxième grande classe existe dans les villes et les villages et affecte les poussettes, les drogues et les vêtements sombres . La troisième classe est un sous-produit d'une civilisation encombrée et commence généralement par une lotion brevetée et se termine généralement par un hôpital.

White Carter agita sa grosse main. "Mais, si votre honneur, s'il vous plaît," l'interrompit-il, "qu'a dit le docteur miracle ?"

« Il a dit, répondit le procureur, que Brown Hirst était une fracture complexe depuis le sustentaculum tali jusqu'au trépied de Haller ; et du trépied de Haller au corps calleux , c'était une simple fracture.

"Horrible", dit le shérif d'une voix traînante.

"Et il a dit en outre", continua l'homme de loi, "que le défunt suicidaire était probablement atteint de quelque espèce de névrose psychique."

« *Domine misere !* » murmura le gardien de l'ordre. " Ainsi témoigna Esculape voyageur , et comme le coroner était tout à fait incapable d'épeler les termes du métier, il écrivit simplement dans le procès-verbal que le docteur Leon

Dupey de Cincinnati, après un examen minutieux, avait déclaré Brown Hirst mort, ce qui était beaucoup moins prolixe. et tout à fait vrai.

« Ce coroner, observa White Carter, devrait être le sénateur américain du Kansas. »

Huron prit la note et la mit avec les autres papiers.

"Je considère qu'il s'agit d'un simple cas de suicide", a-t-il déclaré. « J'ai soigneusement comparé l'écriture avec ces lettres. Il s'agit certainement de l'écriture de Brown Hirst. Pourtant, les hommes n'agissent pas sans motif, et je ne vois aucun motif justifiable.

"Eh bien", a déclaré le shérif, "je sais que financièrement, l'Octagon Coal Company est quelque peu 'groggy'. Comment cela répondra-t-il *à titre provisoire ?* Ou, comme diraient les gens sensés, en attendant ?

"Bien", a déclaré le procureur. Puis il sortit un crayon de sa poche et écrivit au dos de la lettre du défunt « Suicide. Motif : dépression commerciale », et il a remis les papiers dans le coffre-fort.

Le shérif se leva. "La légende à laquelle vous avez souscrit est probablement correcte", dit-il d'une voix traînante, "mais les voies de la Providence sont variées et mystiques, et je pense que je ferai quelques observations à mon sujet." Puis il est sorti.

II

Il est tout à fait clair, dit Randolph Mason, que vous êtes tombé dans la bévue habituelle du vulgaire coquin. Si vous aviez voulu voler les compagnies d'assurances, vous auriez facilement pu atteindre votre objectif sans commettre ce crime, et ainsi assumer le risque d'être découvert et poursuivi au criminel.

Robert Gilmore jeta un regard aigu au conseiller.

« Tu veux dire que je demande conseil tard ? »

"Précisément", a déclaré Mason. "C'est l'erreur caractéristique des insensés."

« Eh bien, observa l'exploitant du charbon, dans des situations désespérées, on ne compte généralement que sur soi-même ; les confédérés sont dangereux et il est généralement difficile d'obtenir l'avis d'un expert. Puis il a ri. « Je ne pouvais pas faire de publicité pour des offres scellées sur la façon dont les choses devraient être faites. J'ai fait de mon mieux dans les circonstances et je pensais plutôt avoir fait du bon travail.

« Cette illusion, marmonna Mason, est courante chez les amateurs. En effet, c'est sa marque. Ce meurtre était inutile. Vous auriez tout aussi bien pu vous en sortir sans cela.

Les yeux gris et perçants de Robert Gilmore pétillaient. "Je devrais être intéressé de savoir comment?" il a dit.

« À cette heure tardive, répondit Randolph Mason, mon avis sur ce point n'a aucune importance. Les suggestions après coup ont peu d'intérêt et n'ont aucune valeur. Vous devez maintenant réfléchir à une méthode par laquelle vous pourriez vous placer définitivement hors de portée de la loi. Ce n'est pas un problème de moindre importance, et, pour y répondre correctement, je dois connaître les détails de cette affaire maladroite.

Le visage de l'exploitant du charbon devint grave et pensif. « Je présume, commença-t-il, que le prêtre et le procureur ont l'habitude d'exiger des détails et des aveux exacts. Je suis président de l'Octagon Coal Company, comme je l'ai dit, et je réside dans la ville de Philadelphie, où je suis activement engagé dans des affaires depuis plusieurs années. Ma vie au-delà de cette période ne peut plus revêtir une importance particulière. Je peux cependant ajouter que j'avais travaillé pour une société étrangère comme expert en assurance incendie pour l'État de l'Illinois pendant quelques années avant de venir dans l'Est. C'est alors que j'agissais en tant qu'expert en sinistres que j'ai rencontré Brown Hirst pour la première fois.

« Un incendie d'une ampleur inhabituelle s'est produit dans l'une des villes de banlieue près de Chicago, détruisant presque un pâté de maisons entier, et mon entreprise m'a envoyé sur place pour compenser les pertes. À mon arrivée en ville , j'ai découvert ce que je croyais être la preuve d'une gigantesque fraude. Le bâtiment avait été loué pendant un an par un certain John Hall dans le but de faire une affaire générale gigantesque avec un grand nombre de départements différents, et presque avant que Hall n'ouvre ses portes au public, cet incendie se produisit. Aucune explication n'a été donnée sur l'origine de l'incendie. Lorsque la police l'a remarqué pour la première fois, vers trois heures du matin, le bâtiment brûlait violemment en une douzaine d'endroits, et à une telle vitesse qu'il était impossible de le contrôler. Les pompiers locaux n'ont pas pu empêcher la perte du bâtiment, mais heureusement, une forte pluie s'est produite et a empêché la perte totale du stock.

"Au cours d'une conversation avec Hall, j'ai découvert qu'aucune entreprise nationale ne possédait un dollar sur le bâtiment ou son stock, mais que la totalité de l'assurance était souscrite par ma société et par un certain nombre de sociétés londoniennes habituellement associées à elle, et pour lesquelles j'agissais en tant que régleur général. C'était en soi une circonstance suspecte, puisque l'assuré ne serait pas soumis à l'inquisition d'innombrables représentants d'entreprises locales convenables et, dans une lutte juridique, il aurait en sa faveur le préjudice contre une entreprise éloignée et, en outre, il aurait mais un seul homme avec qui s'occuper.

«J'ai immédiatement remarqué que Hall était une personne très astucieuse. Il parlait peu, mais ce qu'il avait à dire était extrêmement libre de toute suggestion de dissimulation ou d'obscurité. Lorsque je suis venu examiner le stock non brûlé, mes soupçons se sont confirmés. Il était entièrement composé de marchandises volumineuses, évidemment sélectionnées en vue d'un incendie.

« La manière dont il était disposé dans le bâtiment était extrêmement suspecte. Les cartons avaient été entassés devant les fenêtres de manière à empêcher les pompiers d'entrer dans le bâtiment même après que les barres de fer eurent été coupées, et la disposition était telle que lorsque le feu gagnerait de l'avant et que les fenêtres seraient ouvertes, le La position des boîtes agirait comme une sorte de conduit de fumée et faciliterait ainsi grandement le feu. Tout cela était extrêmement bien planifié, et si le bâtiment avait été entièrement consumé, la détection aurait été impossible. Rien n'aurait pu empêcher cela si ce n'est une tempête imprévue, et si elle ne s'était pas produite au moment où elle s'est produite, le projet de Hall se serait révélé un chef-d'œuvre du genre.

«Je n'ai donné au public aucune indication sur mes conclusions concernant la nature incendiaire de l'incendie, mais une fois l'enquête terminée, j'ai emmené Hall à l'hôtel et lui ai dit franchement que ma société ne paierait pas la perte, car il était tout à fait évident. que tout cela n'était qu'un stratagème astucieusement organisé pour frauder. J'ai souligné les circonstances suspectes et la conclusion irrésistible qui en découlait, et j'ai dit clairement que Hall ferait bien d'échapper aux poursuites pénales.

« À mon grand étonnement, l'homme n'a exprimé aucune surprise. Quand j'eus fini, il me posa quelques questions approfondies destinées à déterminer la profondeur de mon enquête, et lorsqu'il fut satisfait sur ce point, il approcha sa chaise près de la table à laquelle j'étais assis, et me proposa tranquillement de partager. l'assurance si je voulais me joindre à lui et faire le rapport approprié à mon entreprise.

« En traitant cette proposition, Hall a été merveilleusement habile . Il a supposé traiter la question uniquement comme un accord commercial. Il a dit que la perte, bien que grande pour nous, était une très petite affaire pour les riches sociétés que je représentais, qu'elle ne serait pas ressentie par elles et ne causerait à personne de préjudice appréciable ; qu'il avait déployé des efforts infinis et des dépenses considérables pour perfectionner son plan, et que seule la malheureuse tempête aurait pu empêcher son succès complet ; qu'il n'avait jamais eu l'intention de partager avec qui que ce soit, mais qu'un accident contre lequel il ne pouvait se prémunir m'avait mis en mesure d'obtenir une partie de la somme très considérable qu'il s'était donné tant de peine et de dépenses pour obtenir, et, appréciant Face à cette nouvelle nécessité, il était tout à fait disposé à m'accorder un partage égal du gain. À aucun moment de sa conversation, il n'y a eu la moindre suggestion de danger ou la moindre allusion à un quelconque risque, criminel ou autre.

« Il est inutile, à mon avis, de vous ennuyer avec plus de détails. Sous la conduite remarquable de cet homme, l'élément de tort substantiel semblait disparaître de la transaction, et le résultat fut que j'ai finalement consenti à me joindre à lui. Il réclamait deux cent mille dollars. J'ai signalé à l'entreprise une perte totale, mais j'ai conseillé un règlement ne dépassant pas la moitié de la somme réclamée. Cela a finalement abouti à un ajustement d'environ cent vingt mille dollars, sans le moindre soupçon d'une communauté d'intérêts entre nous.

« Il ne serait pas tout à fait vrai de supposer que j'ai facilement adhéré au plan de Hall, même si, avec le temps, cela semblerait le cas. Financièrement, j'étais dans une mauvaise passe ; depuis mon enfance, j'avais été pauvre ; toujours pauvre. En matière d'argent, les choses tournaient toujours mal. Chaque risque que j'avais pris, chaque spéculation dans laquelle je m'étais engagé, avait toujours perdu, si substantielle qu'elle paraisse. À cette époque

, j'étais plutôt désespéré, je présume. Quoi qu'il en soit, j'ai adhéré au projet et il a réussi sans problème.

« C'est ainsi que j'ai connu Brown Hirst sous son pseudonyme. Nous avons divisé l'argent et l'avons déposé auprès d'une société de fiducie à Philadelphie jusqu'à ce que nous puissions nous joindre en toute sécurité à l'une des nombreuses entreprises que Brown Hirst planifiait continuellement. Mais ce Hirst n'était pas un rêveur. Il connaissait parfaitement le grand mérite de la délibération et a insisté pour que je reste dans la compagnie d'assurance pendant au moins un an, puis que j'obtienne un emploi dans une autre compagnie sous un prétexte raisonnable, puis que, par erreur, je sois licencié de cette compagnie et, si possible. me joindre à un autre, jusqu'à ce que finalement je quitte le métier sans être soumis à des commentaires spéculatifs.

« Ces suggestions de Hirst, j'ai suivi à la lettre, et elles ont abouti comme il l'avait prévu. J'avais désormais une grande confiance dans les capacités de cet homme remarquable. Les détails de ses plans étaient aussi précis que les pièces d'une machine, et ils ne semblaient jamais susceptibles d'échouer.

L'exploitant du charbon s'arrêta et posa ses mains sur les accoudoirs de son fauteuil.

"Même maintenant", a-t-il déclaré, "je considère Brown Hirst comme l'homme le plus compétent que j'aie jamais vu."

Randolph Mason resta silencieux. Son visage indiquait plutôt de lassitude que d'intérêt. Peut-être que l'histoire, dans sa substance, était très ancienne pour lui.

« Le premier septembre 1893, je rejoignis Brown Hirst à Philadelphie, et c'est là qu'il développa une série de plans gigantesques, entre autres un visant à frauder les compagnies d'assurance-vie, que nous décidâmes finalement de tenter. Je ne me souviens pas avoir éprouvé de réelle répugnance à l'égard de l'obliquité morale de ces entreprises. Le cerveau de Hirst semblait balayer toute considération morale, en l'ignorant simplement complètement. Lorsque Hirst planifiait, tout n'était que affaires et, selon l'éthique des affaires, tout aussi juste que n'importe quelle autre. En effet, cet homme a connu un succès si phénoménal là où j'avais toujours échoué, que je n'ai jamais songé à m'opposer à un plan qu'il jugeait sage.

« Comme je l'ai dit, Brown Hirst était aussi pratique qu'un plan. Il avait l'habitude d'affirmer que de tous les vices, la hâte était le plus abominable et qu'avant de tenter de réaliser notre entreprise, il serait plus sage de se lancer dans une entreprise légitime pendant quelques années afin de se forger une réputation de société commerciale importante. . Alors nos plans seraient débarrassés de la suggestion des aventuriers. En outre, cela nous donnerait une cote financière et une position substantielle dans la communauté dans laquelle nous devrions commencer nos opérations frauduleuses, et en même temps, nous pourrions préparer nos motivations qui, affirmait Hirst, devraient toujours être fournies toutes faites. du public au début de l'enquête.

« Nous avons donc décidé d'acheter et d'exploiter une centrale au charbon en Virginie occidentale. Cette affaire convenait mieux à notre objectif que toute autre, parce que les hommes allaient et venaient continuellement dans cette affaire. Des sociétés inconnues se formèrent dans des villes éloignées et opéraient simplement avec un agent. L'entreprise faisait rarement l'objet d'enquêtes approfondies si elle remplissait rapidement ses obligations, et les possibilités de fraude étant faibles, une bonne réputation commerciale pouvait être facilement assurée par tout dirigeant raisonnablement expéditif dans ses transactions.

« Nous avons obtenu une charte pour l'Octagon Coal Company, acheté une usine sur le Norfolk and Western Railroad dans le comté de McDowell et avons commencé à opérer avec Brown Hirst comme directeur et moi-même président de la présumée société de Philadelphie.

« Hirst était, comme je l'ai dit, un homme doté d'un excellent sens des affaires et, très vite, il commença à gagner de l'argent. Nous avons agrandi l'usine et sommes rapidement devenues une entreprise importante. Lorsqu'il devint évident que nous pouvions réussir dans une entreprise légitime, je commençai à exhorter Hirst à abandonner complètement sa dangereuse entreprise et à consacrer ses splendides capacités au développement de l'industrie charbonnière ; mais il s'est contenté de rire et m'a dit de rappeler que tout cela demandait du travail et qu'il n'avait pas l'intention de passer sa vie à travailler.

«Monsieur», dit Randolph Mason en l'interrompant, «vous négligez un point important dans votre révélation. Quel était ce régime d'assurance ?

"Oh. oui, dit l'exploitant du charbon, j'y venais. Notre plan était d'obtenir une assurance lourde sur la vie de Hirst, de faire de sa femme la bénéficiaire, et de le faire disparaître plus tard dans des circonstances suggérant un suicide.

« Ce plan, » dit Mason en abaissant les lourds muscles de sa bouche, « est ancien, infantile et banal ; digne des gaffeurs, des enfants et des gaffeurs.

Gilmore regarda l'avocat pendant un moment d'un œil critique, puis il continua. « Je présume que le projet n'est pas nouveau, mais je pense plutôt que le plan de Hirst pour le mettre en œuvre était quelque peu nouveau et inhabituellement pratique. Au moment où Hirst a proposé ce projet, il n'était pas marié et, comme une froide proposition commerciale, il a dit que je devrais choisir une femme - toute femme qui me plairait, que j'aimerais comme épouse, puis il l'épouserait, assurerait son la vie pour son bénéfice, je ferais sa sortie, et ensuite j'épouserais la femme et lui enverrais la moitié de l'argent de l'assurance en Espagne ou en Italie, où il avait décidé de s'établir de manière permanente.

"Il a insisté sur le fait qu'il serait préférable de garder la femme totalement ignorante de notre plan, de sorte que si quelque chose tourne mal, elle ne puisse pas être impliquée dans un complot et, par conséquent, ne puisse être empêchée d'obtenir l'assurance car, elle étant l'unique bénéficiaire et qu'aucune fraude de sa part n'étant possible, toute fraude soupçonnée ou même assurée de ma part n'annulerait pas la police qui lui est due, à condition que lui, Hirst, ne puisse pas être retrouvé dans les sept ans.

« Par conséquent, deux considérations étaient nécessaires lors de la sélection de la femme. Premièrement, elle doit être située de manière à réduire au minimum les soupçons à son égard. Et deuxièmement, elle devait être celle que je pourrais épouser en tant que veuve de Hirst et ainsi obtenir de l'argent. Cette partie du plan m'était confiée à réaliser. Vous verrez maintenant à quel homme remarquable j'étais associé, et combien il avait peu d'estime pour les mœurs de la société humaine.

« En m'appuyant sur la fortune de cet homme, j'ai commis une erreur fatale. Ma nature était complètement différente. Je ne pouvais pas exclure les émotions naturelles. Je ne pouvais pas évincer l'humain en moi. Je n'étais pas une machine à calculer comme cet homme Hirst, et en accomplissant ma part de l'entreprise, j'ai commis une erreur effroyable.

« Je n'entre pas maintenant dans les détails de cette erreur. Il suffira, pour les besoins de cette interview, de dire que la femme que Hirst épousa finalement était une bonne femme, la fille d'un vénérable homme d'Église résidant dans l'une des villes de la banlieue de Philadelphie, une si bonne femme qu'à peine eut-elle Après la cérémonie, j'ai commencé à regretter de l'avoir associée à un méchant de sang-froid tel que Brown Hirst, et au fil des jours, ce regret s'est transformé en une véritable passion de remords.

L'homme s'arrêta un instant, leva les coudes sur les accoudoirs de sa chaise et croisa les doigts.

«Je suppose que c'était une sorte de jugement providentiel», a-t-il poursuivi, «si de telles choses sont censées se produire à cette époque pratique. J'évitais la femme autant que possible et m'efforçais de cacher mon terrible regret, mais c'était bien inutile. Hirst le savait presque avant que je réalise moi-même ce sentiment, et m'a durement dit de me rappeler qu'il s'agissait d'affaires et qu'il ne s'agissait pas d'un sentiment larmoyant. Il n'avait aucun sentiment pour cette femme, et si je pouvais attendre un peu, le plan me la donnerait très prochainement. Il m'a mis en garde contre ce qu'il se plaisait à appeler des « absurdités », et je dois admettre que la puissante personnalité de cet homme m'a contraint à une sorte de soumission ferme à sa volonté. Mais le sentiment pour cette femme est resté et je détestais Hirst.

Randolph Mason a tendu la main comme pour interrompre l'orateur, mais, semblant reconsidérer sa décision, il l'a soudainement retirée et a fait signe à l'exploitant du charbon de continuer. Le jeune homme ne prêta aucune attention à cette interruption.

« Hirst, poursuivit-il, tel le maître spirituel qu'il était, entreprit de mettre en œuvre les détails de son plan. De temps en temps , il s'adressait aux meilleures compagnies d'assurance du pays, et comme il était considéré comme un bon risque, un homme au physique raffiné et à la tête d'une entreprise importante, il obtint actuellement environ deux cent mille dollars sur sa vie. . Il maintint ces politiques pendant deux ans pour éviter la clause de suicide et pour les rendre aussi incontestables que possible.

«Enfin, tous les arrangements étant terminés, le moment approchait où Brown Hirst décida de faire le dernier mouvement de son projet. Mais pendant ces deux années, ma haine envers cet homme n'avait pas été vaine. Je ne sais pas exactement ce qui m'a possédé. Je n'avais aucune bonne raison de le détester. Tout cela était, comme il le disait, une affaire d'affaires, des détails purement commerciaux. Mais je le détestais, et inconsciemment, on ne sait pas comment. J'ai décidé de prendre part à son plan. J'ai décidé de rendre la pièce réelle. Cette détermination n'était pas une résolution soudaine ; il semblait plutôt évoluer lentement jusqu'à devenir finalement un objectif fixe. Hirst n'avait en aucun cas négligé le motif du prétendu suicide. La ruine financière était imminente et, au cours de l'année précédant immédiatement sa mort, Brown Hirst a tiré de grosses sommes de l'entreprise et a finalement hypothéqué et réhypothéqué la totalité de la centrale à charbon et a utilisé l'argent pour payer sa lourde assurance, de sorte qu'à au moment de sa disparition, l'entreprise serait dans un état d'effondrement financier, et le motif de son acte irréfléchi serait adéquat et parfaitement évident.

«Pendant tout ce temps, Hirst opérait à McDowell, près du siège du comté de Welch, sa femme restant pour la plupart avec son père, tandis que j'avais un bureau municipal à Philadelphie. Le jour réservé à la disparition de Brown Hirst, une assemblée des actionnaires de notre société a eu lieu à son siège social en Virginie occidentale. C'était une imposture, mais la rumeur courait que le but de cette réunion était de discuter de mesures susceptibles de sauver notre entreprise d'une ruine imminente. C'est le but rendu public. Le véritable objectif était de justifier ma présence à McDowell. Hirst avait prévu que je reste sur place après sa disparition afin de vérifier que tout était bien arrangé, puis que je prenne un train de nuit pour l'Est.

« Les détails préliminaires du travail de cette nuit ont été magnifiquement gérés. Nous nous sommes rencontrés au bureau de l'entreprise. Ici, Hirst a écrit une lettre expliquant qu'il était sur le point de se suicider et l'a placée dans la poche de son manteau.

«Puis il a pris un paquet de vêtements pour hommes, dans lequel il avait l'intention de s'enfuir du pays. Ce paquet consistait en un manteau crasseux comme en porte le mineur ordinaire, dans les poches duquel il avait placé un paquet de billets de banque, un portefeuille contenant une traite de New York et un mémorandum de ses polices d'assurance.

"Les pantalons, chaussures et autres articles de ce déguisement que portait Hirst lorsqu'il quitta le bureau, son intention étant de laisser son manteau et son gilet habituels sur le pont au-dessus de la rivière Tug, comme preuve du suicide, et ensuite, en assumant le reste de son déguisement, s'éclipse pour Cincinnati avec le fret de nuit.

« Du bureau, nous sommes allés directement au pont sur la rivière Tug, car, comme Brown Hirst l'a toujours soutenu, pour laisser des preuves circonstancielles parfaites, il était absolument nécessaire de faire réellement, dans la mesure du possible, les choses que l'on souhaitait au public. croire qu'on l'avait fait.

« Il était peut-être deux heures, et il faisait très sombre et humide. Il pleuvait depuis presque une semaine. Cela était largement en notre faveur, car la rivière en crue est profonde et rapide, et un corps perdu dans cette rivière lorsque l'eau était forte ne serait probablement pas retrouvé du tout, comme nous l'avions remarqué c'était le cas pour les bûcherons qui se noyaient assez souvent ; c'est pourquoi nous avions choisi l'époque des pluies les plus fortes dans cette région, afin que la perte du corps ne paraisse pas un moment inhabituel.

« Il vaudrait peut-être mieux expliquer que lorsque la rivière Tug est gonflée par les pluies, son lit sous le pont est très profond et rapide le plus près de sa rive est, tandis que près de la rive ouest, son lit est plus élevé et couvert d'immenses boules ; ainsi, tout ce qui serait jeté dans cette rivière du côté est serait probablement emporté et perdu, tandis que s'il était jeté du pont du côté ouest, il se logerait probablement parmi les quilleurs et resterait après que les hautes eaux se soient calmées.

« Comme je l'ai dit, il faisait très sombre et le rugissement des eaux était quelque chose d'effrayant, mais nous connaissions bien le pont et, nous étant habitués à l'obscurité, nous parvînmes bientôt à voir suffisamment pour nos besoins.

« Hirst se dirigea directement vers la travée du pont la plus proche de la rive est et, ôtant son manteau et sa veste, les plaça sur l'une des poutres. Puis il commença à défaire le paquet pour enfiler les vêtements de mineur qu'il avait apportés avec lui.

«C'était mon opportunité et j'ai suggéré que nous marchions d'abord de l'autre côté afin de nous assurer que le pont était entièrement dégagé. Il a immédiatement déposé le paquet et s'est approché de moi. Je ne sais pas maintenant s'il y avait dans son esprit la moindre trace de suspicion, mais je sais qu'à cette suggestion, l'homme a saisi mon bras et a essayé de me regarder en face, et je suis certain que s'il avait fait clair, il aurait découvert la trahison à laquelle je pensais. Mais il faisait noir et l'homme ne dit rien sauf pour maudire la nuit. Il était extrêmement profane, ce Hirst, et tandis que nous parcourions le pont, lui tenant mon bras et maudissant la nuit à demi-chuchotements, j'ai senti d'une manière ou d'une autre que cet homme appréciait vaguement le destin imminent. Mais je suppose que c'était simplement une impression résultant de la tension intense sous laquelle je travaillais.

« Alors que nous étions sur le point de revenir, j'ai montré du doigt les vagues blanches qui se brisaient sur les quilleurs en contrebas. L'homme, qui me tenait toujours le bras, s'est arrêté, s'est penché par-dessus la balustrade basse et a regardé dans l'eau. C'était la position dans laquelle j'avais espéré le piéger, et, arrachant brusquement mon bras, je le frappai lourdement entre les épaules. L'homme plongea par-dessus la balustrade, s'agrippant sauvagement à l'air, mais il ne poussa aucun cri. et son corps tournoya vers le bas dans l'obscurité en contrebas.

« Je me suis accroché à la balustrade et j'ai essayé de voir où le corps allait frapper, mais c'était une folie. Le pont était élevé au-dessus du ruisseau agité, et je n'entendais que le clapotis sourd qui annonçait sa mort.

Les yeux de l'exploitant du charbon semblaient s'étirer aux coins et un gris terne s'étalait sur son visage.

«Je voudrais me débarrasser de cette scène», continua-t-il au bout d'un moment. « C'est terriblement vivant. Chaque détail semble avoir été photographié dans mon cerveau, et il défile devant moi comme les images d'un vitascope. Les hommes oublient parfois de telles choses, dit-on, mais, au nom du Ciel, comment ? Eh bien, je peux le voir à tout moment dans le noir. Je peux voir son visage blanc et tendu, fou d'horreur, je peux voir ses mains serrées, je peux sentir dans ma propre gorge à quel point la terreur de la mort s'est étouffée dans la sienne, et je sais, je sais… »

Randolph Mason frappa lourdement la table de son poing fermé. « Monsieur, » dit-il sèchement, « vous aurez la gentillesse d'omettre cette bêtise. Donnez-moi les faits tels qu'ils se sont produits. Vous pouvez réserver votre mélodrame aux fins d'un droit d'auteur.

Gilmore sursauta et releva la tête comme si quelqu'un lui avait soudainement jeté de l'eau glacée au visage. Il porta la main à son front et appuya fortement ses doigts contre la peau ; puis il se redressa sur sa chaise et parut reprendre le contrôle de lui-même.

« Eh bien, poursuivit-il, je suis retourné du côté est du pont, j'ai jeté le paquet dans la rivière, j'ai traversé le Chesapeake et l'Ohio sur l'un des cargos de nuit, et à midi le même jour, j'ai était à Philadelphie.

« Cet après-midi-là, la mairie a été informée du suicide de Brown Hirst. Nous avons immédiatement télégraphié au procureur pour obtenir des détails et avons été informés qu'il avait sauté du pont, laissant dans sa poche une note expliquant qu'il s'était suicidé. Le corps a été expédié à Philadelphie, selon les instructions de sa femme. Presque immédiatement, j'ai commencé à clôturer les affaires de l'Octagon Coal Company et, très peu de temps après les funérailles, j'ai rendu visite à Mme Hirst afin de prendre les mesures préliminaires en vue du recouvrement de l'assurance de son mari.

« Ici, mon plan a frappé et s'est effondré comme une vapeur. L'épouse de Brown Hirst était une bonne femme et je n'avais pas prévu ce qu'elle ferait dans des circonstances de cette nature. À mon grand étonnement, elle m'a informé que les représentants des compagnies d'assurance étaient venus la voir et lui avaient demandé un délai pour enquêter sur l'affaire, et qu'elle avait volontiers accédé à leur demande. Et puis, comme une femme, elle a déclaré qu'il n'y avait aucune raison pour que son mari se suicide et qu'elle ne croyait pas qu'il l'ait fait, mais que s'il s'était suicidé délibérément, elle ne toucherait pas un dollar. de l'argent de l'assurance ; qu'elle n'aurait rien acheté de la vie. S'il pouvait être démontré que son mari a été assassiné, comme elle le croyait, alors elle ne voyait aucune raison pour laquelle elle ne devrait pas réclamer l'assurance ; mais s'il s'avérait vrai qu'il avait projeté d'escroquer la compagnie d'assurance-vie pour son bénéfice et que, conformément à ce terrible plan, il s'était jeté dans l'éternité, alors elle mourrait de faim dans un hospice avant de pouvoir toucher un centime d'argent.

« Cette déclaration m'a frappé avec la puissance écrasante d'un coup de hache. Le monde semblait s'évanouir sous moi. J'ai vu tout espoir d'avenir s'évanouir. J'ai compris en un éclair, comme on dit qu'on le fait au bord de la tombe, dans quelle prodigieuse erreur j'avais été commis.

Il devait y avoir une trace d'agacement sur le visage du conseiller, car l'exploitant du charbon s'arrêta net et bougea avec inquiétude sur sa chaise.

« J'étais sur le point d'oublier vos instructions », expliqua-t-il avec une nuance d'excuse dans la voix ; « Il est assez difficile de faire sortir ses émotions d'un récit désespéré et personnel comme celui-ci, même si, bien sûr, il est absurde de se plaindre à ce sujet.

« Pour être bref, j'étais totalement incapable d'ébranler la détermination de cette femme et je suis rentré en ville sachant qu'une enquête inlassable était sur le point de commencer. Je n'ai pas attendu de voir le résultat de cette enquête. Je sais que les compagnies d'assurance et cette femme inhabituelle ne négligeront aucun effort pour découvrir comment Hirst est arrivé à sa mort, et je ne suis pas assez idiot pour penser qu'elles finiront par échouer. Je ne crois pas aux bruits de fond qui crient au meurtre, mais je suis entièrement convaincu qu'il est presque impossible de dissimuler un crime afin que l'ingéniosité humaine ne puisse pas retrouver l'homme qui l'a commis.

« Je juge que je n'étais pas destiné à des affaires de ce genre. Je ne peux pas me battre en bon ordre. Pour moi, une retraite est une déroute. J'ai tout abandonné. J'ai abandonné tous les plans. J'essaie maintenant de me sauver du bourreau, ou du moins du pénitencier. Je n'ai pas attendu d'être attrapé ; Je suis venu vers vous immédiatement.

L'homme parut se détendre et s'installer dans son fauteuil.

«Maintenant», ajouta-t-il avec la dépendance totale d'un patient étendu sur la table du chirurgien, «vous devez me sauver.»

Les yeux de Randolph Mason s'aplatirent comme s'ils étaient pressés d'en haut, et les rides de son visage se creusèrent et s'élargissaient en sillons accidentés.

« Il existe deux méthodes pour échapper à la loi », a-t-il déclaré. « L'évasion *ipso jure* prévue avant fait ; et l'évasion *ipso jure* après coup. La première n'est pas une question très difficile et peut facilement être préparée par toute personne raisonnablement au courant de la loi du lieu de l'acte envisagé, et si elle est habilement organisée, elle ne doit contenir aucun élément de hasard. Cette dernière est beaucoup plus difficile et doit être manipulée avec précaution afin de réduire l'élément de péril à son minimum. Dans la première, on construit les faits en fonction des défauts de la loi, et s'il est exécuté avec un quelconque degré d'intelligence, l'acteur criminel n'a rien à craindre, et la loi est aussi inoffensive qu'un diable peint.

« Dans ce dernier cas, l'expert doit prendre les faits comme des circonstances et les maladroits agents criminels les ont créés, et s'efforcer d'adapter ces faits préparés à la loi telle qu'elle est, ce qui est une procédure beaucoup plus difficile, et qui s'accompagne souvent de désastreux. résultats. D'où l'habileté de certains pénalistes, et les longues batailles juridiques techniques dont les livres sont remplis.

« Quant à vous, monsieur, le projet dans lequel vous avez été acteur a été abominablement planifié et encore plus abominablement exécuté. L'intelligence la plus radotante aurait dû voir le péril se profiler à chaque mouvement infantile fait par vous et ce prodigieux gaffeur Hirst. Vous avez adopté un vieux plan éculé, rempli de dangers, et, non satisfaits de ses effroyables dangers, vous et cet idiot de Hirst avez ajouté un péril compliqué après l'autre jusqu'à ce que vous ayez finalement construit un chef-d'œuvre d'idiotie qui, dans son absurdité complexe, se rapproche du sublime.

« Je m'étonne, monsieur, que vous n'ayez pas contacté les autorités pour demander une exécution. Ce serait une suite appropriée à vos atroces erreurs.

Le visage du conseiller était laid avec un ricanement.

« Votre recherche de conseil apparaît immédiatement comme votre seul acte intelligent. C'est une discrétion merveilleuse , à en juger par votre récit ; merveilleux et inattendu. Espérons que votre période d'aberration mentale soit révolue.

Puis il se leva et regarda l'homme qui, comme beaucoup d'autres, s'était efforcé de dérégler la machinerie de la justice humaine et avait simplement réussi à s'emmêler dans ses rouages compliqués.

« Afin de vous sauver maintenant », a déclaré Randolph Mason, « nous devons agir rapidement. Ces grandes compagnies d'assurance disposent du service de détective le plus compétent au monde. Avec une telle bévue que vous avez commise, ce n'est qu'une question de quelques semaines avant qu'ils réussissent à vous imputer ce meurtre, pas directement peut-être, mais suffisamment pour justifier votre arrestation, et vous devrez alors prendre vos risques avec un jury. . L'homme qui espère aujourd'hui couvrir son crime suffisamment bien pour déjouer les recherches acharnées et inlassables d'une grande compagnie d'assurance-vie doit être gouverné par quelque chose de bien plus proche d'une intelligence que celle dont vous et le défunt Hirst dépendiez.

« À ce stade de votre bévue, il n'y a que deux manières de vous mettre absolument hors de portée de la loi. La mort est un chemin, et nous l'éviterons. L'autre, je vais maintenant vous l'apporter. Dans ce cas, le plus grand soin et la plus grande rapidité sont indispensables. Ce soir à neuf heures, vous devez être là , prêt à vous remettre entièrement entre mes mains. J'aurai terminé tous les arrangements d'ici là.

Mason s'arrêta net et posa lourdement la main sur la table.

« Maintenant, monsieur, » dit-il sans détour, « il sera totalement inutile pour moi de tenter les mesures drastiques nécessaires dans votre cas, à moins que vous ne soyez prêt à agir sous mes doigts comme une machine. Peux-tu faire ça?"

"Oui", dit l'homme en essuyant la sueur de son visage.

« Alors, » dit Randolph Mason en ouvrant la porte de son bureau privé, « descendez à votre hôtel et dormez ; et s'il vous plaît, monsieur, ne pensez pas, ou, pour être plus précis, n'essayez pas de penser. Vos pensées, comme cela a été démontré, ne vous sont d'aucune valeur, et je vous assure, monsieur, qu'elles me seront tout à fait inutiles.

Puis il ferma la porte après le départ du criminel et retourna à son bureau.

III

Le shérif descendait lentement l'étroite route de montagne jusqu'au gué qui traverse la rivière Tug, « Jim's Ford » que les indigènes de McDowell avaient surnommé ce passage il y a longtemps, lorsque la racine sèche de ginseng avait cours légal pour toutes les dettes publiques et privées du sud-ouest. à vol d'oiseau, du comté de Mercer. D'où venait ce nom, et pour quelle raison, la tradition restait silencieuse. Il ne fait aucun doute que le premier Jim avait habité dans cette gorge accidentée et, par hasard, avait donné son nom à ce gué rocheux qui a survécu et l'a proclamé longtemps après que l'homme se soit évanoui entre les mains du Vent.

Pour le mineur nègre, à sept milles de la ville de Welch, ce passage accidenté, parsemé de grands quilleurs, était respectueusement appelé « Hell's Gap », respectueusement, pour la seule raison que les nègres étaient superstitieux et que le mammouth Cette gorge, silencieuse comme le sol d'une tombe, profonde et brumeuse sauf pendant les longs après-midi d'été, était conçue pour évoquer tous les sinistres fantômes inscrits dans le catalogue africain.

Le shérif arrêta brusquement son cheval « brun » et jeta sa jambe par-dessus le pommeau de sa selle. Juste en dessous de lui, dans le gué de la rivière, se trouvait un homme qui pataugeait dans l' eau, un grand montagnard, tête nue, dont l'habillement indiquait un compromis à peu près égal entre la barbarie du village et la barbarie de la montagne. Comme vêtement supérieur, il portait la chemise de chasse à franges rouges de ses pères et de ses grands-pères et ainsi de suite ; et pour vêtement inférieur, la salopette bleue achetée au magasin de campagne pour une cuisse de chevreuil ou un paquet de peaux. Le montagnard était grand, robuste et puissant, un habitant approprié pour un tel endroit.

« Spitler Hamrick », murmura le shérif.

« Par tout dieu boiteux ! Le nœud de pin le plus résistant des montagnes de McDowell. Je me demande ce que cherche le vieux loup.

Puis il resserra son genou sur le pommeau de la selle et un lent sourire se dessina sur les traits du shérif. « Sur ma foi, dit-il d'une voix traînante, il est certain que Spitler n'est pas Vere de Vere. Pourtant, si du sang bleu coulait dans le dos et des muscles sur les épaules, la prétention de Spitler à une lignée princière serait incontestable.

White Carter s'arrêta net et ajusta ses lunettes. Le montagnard avait ramassé un paquet dans la rivière et se tournait pour rejoindre la rive. L'homme ne vit pas tout de suite le shérif ; il regardait vers le bas pour éviter de glisser sur les pierres lisses. Lorsqu'il arriva sur la rive rocheuse de la rivière, le shérif l'appela. Au son, l'alpiniste a laissé tomber le paquet et a soulevé un Winchester qui gisait à proximité contre un quilleur. C'était un acte selon la coutume des montagnes. L'un s'armait d'abord et observait ensuite « le terrain ».

White Carter restait parfaitement immobile. "Je ne tirerais pas , Spitler ", dit-il d'une voix traînante, "c'est vulgaire."

L'alpiniste laissa tomber la crosse de son fusil sur les pierres et leva les yeux avec étonnement. « Enfer enfumé ! » ejacula l'alpiniste, dit le shérif. Enfer enfumé ! Le refrain était un idiome nerveux chez Spitler Hamrick.

White Carter mit la main dans la poche de son manteau, en sortit une pipe, fit tomber les cendres du bol et commença à le remplir avec beaucoup de délibération. Cet acte, resté après le passage de l'homme rouge, proclamait un statut de trêve digne.

Le jeu de l'action disparut du visage de Hamrick, le laissant impassible, lourd, prodigieusement indifférent. C'était l'empreinte de la montagne sur son serviteur, le silence et l'abominable indifférence de la terre accidentée qui se reflétait sur les visages des hommes qui luttent pour la vie sur son sein de pierre.

« Chaud », observa le shérif en remplissant le fourneau de sa pipe et en enfonçant le tabac avec son large pouce.

L'alpiniste croisa les bras sur la bouche de son fusil et s'y appuya lourdement.

"Oui", a-t-il répondu, "chaleureux".

C'était la pleine mesure de salutation et la pleine mesure d'introduction à toutes les questions, importantes ou sans importance, sur le bassin versant des Alleghanies. Dans les montagnes, personne ne se hâtait de parler. Il y avait du temps pour être pleinement compris et du temps pour répondre pleinement ; alors ce qu'on faisait ensuite, on n'était pas si susceptible de le regretter. Dans les plaines, les hommes ne sont peut-être pas aussi sages.

Le shérif a allumé une allumette sur sa jupe de selle, a allumé sa pipe et a soufflé un nuage de fumée bleue sur les oreilles placides du « glauque » . Bientôt, il prit le tuyau entre ses dents et baissa les yeux sur le propriétaire solitaire de la Ford de Jim.

« Spitler », dit-il d'une voix traînante, « qu'est-ce qu'il y a dans le paquet ? »

"Vous, les parents, regardez", répondit l'alpiniste avec une insouciance prodigieuse.

Le shérif remit sa pipe et resta silencieux un instant. Il a ensuite dit:

« Où l'as-tu trouvé, Spitler ?

"Je pense que vous avez vu", répondit le descendant de la maison Hamrick.

Le gardien de l'ordre leva les yeux vers le ciel bleu par-dessus ses lunettes nasales. Puis il baissa les yeux. « Spitler », dit-il doucement.

L'alpiniste l'interrompit. « Shérif, » grogna-t-il, « le vieux Spitler Hamrick ne reste pas indifférent . Enfer enfumé ! Il n'a jamais supporté ça. Les choses vont se passer comme ça : vous êtes parents, descendez ici et prenez ce paquet, et vous pouvez continuer votre route. Mais vous ne pouvez pas vous attaquer à votre corps et à votre mâchoire. Enfer enfumé ! Vous ne pouvez pas vous attaquer à votre corps et à votre mâchoire.

Il n'y avait aucune circonlocution, aucune équivoque, aucune ombre d'obscurité dans le discours de l'habitant de Hell's Gap. Il utilisait des mots dans le but d'exprimer exactement ce qu'il croyait être vrai, et dans aucun autre but. Le shérif le savait, et d'autres l'avaient appris et s'en souvenaient grâce à certaines longues cicatrices luisantes, recouvertes ensuite de la flanelle rouge de leurs chemises de chasse.

White Carter ôta son genou du pommeau de sa selle et glissa jusqu'au sol. Ici, il s'arrêta un instant, fit tomber les cendres de sa pipe et la remit dans sa poche. Puis il descendit la rive escarpée jusqu'à la rivière. Le propriétaire de Jim's Ford regardait avec une grande indifférence. Le shérif prit le paquet sans un mot, retourna à son cheval et, débouclant le « loquet de gorge » de sa bride, attacha le paquet au cornet de sa selle. Puis il plaça son pied droit dans l'étrier et se tourna vers l'alpiniste.

« Spitler », dit-il d'une voix traînante, « nous avons trouvé un homme mort à Tug l'autre jour. Je pense que c'est son manteau.

L'alpiniste leva les yeux du museau de son Winchester. « Y avait-il du plomb en lui ? Il a demandé.

Le shérif passa sa jambe par-dessus la selle et ramassa sa bride de l'encolure du cheval.

"Pas d'impact de balle", a-t-il répondu.

"Alors," dit le géant Hamrick, "il n'a pas été tué dans les collines."

IV

C'était le premier lundi de juillet, et les grands inquisiteurs du comté de McDowell étaient en séance laborieuse. Il faisait chaud à Welch, si chaud que le shérif avait acheté un manteau de lin et était parti pour Atlantic City pour une excursion de dix dollars, laissant l'adjoint Salathiel Jenkins s'étouffer avec le grand jury. Si chaud que JEB Huron, procureur désigné par le Commonwealth, a eu recours à des expressions pas tout à fait profanes mais pinceuses à la frontière. Si chaud que le contremaître de Charity Fork faisait continuellement des références odieuses à cette localité historique sur laquelle passait Lazare dans le sein d'Abraham.

Le grand jury était en désaccord total avec ses affaires inquisitoriales, surtout en ce lundi étouffant où le mercure montait vers le ciel. Les membres du grand jury avaient ôté leurs manteaux, ils avaient déboutonné leurs chemises, ils avaient retroussé jusqu'à l'extrême leurs manches sur leurs grands bras bruns. Il faisait chaud, ce grand jury. Mais c'était jovial et bon enfant, seize francs-tenanciers du bailliage se détournant un jour pour consolider la paix et la dignité de l'État. Les vêtements caractéristiques du fermier, du chasseur et du mineur faisaient partie de ce grand jury, mais il n'y avait pas de colliers ; pas même la « chemise biled » du rapport notoire. Si l'on avait parlé d'un mercier ou tenté d'énumérer ses marchandises dans les terres au sud de Tug River, il aurait été considéré comme un pourvoyeur de « bavardage de furrin vert », ou aurait été pris en pitié comme une victime désespérée de marmonnements idiots.

C'est ainsi que les hommes huent les coutumes de leurs semblables lorsqu'ils sont en conflit avec les leurs. Celui qui aurait regardé ce grand jury comme une pièce à conviction aurait regretté que la grande mode de Dalila n'ait pas été transmise dans le comté de McDowell, tout comme le jury se serait demandé pourquoi ce drôle de petit homme divisait ses cheveux au milieu comme une femme et portait une bande serrée autour du cou et un plastron rigide de tissu et d'amidon sur ses côtes, alors qu'il pouvait s'habiller comme un chrétien et être à l'aise.

A deux heures, le corps sage avait terminé son inquisition et se reposait lourdement pendant que le contremaître. Abe Collister , de Charity Fork, apposait lentement et avec une douleur infinie sa signature sur les actes d'accusation. Ce n'était pas une mince affaire pour quelqu'un dont les doigts étaient épais et larges et habitué à des outils à peine plus légers en proportion que le manche d'une hache ou la crosse d'un Winchester.

Les contorsions faciales de ce bon propriétaire foncier alors qu'il s'efforçait d'exercer une fonction cléricale lui auraient valu des applaudissements, une fortune et une grande réputation dans le casting d'une comédie. C'était la voie du Destin, meilleure que ce que le génie pouvait imiter, mais sans public à voir.

C'est la fonction de ces corps d'être sévères, et c'est leur manière d'être des plus aimables. Le procureur, soutenait-on, devait savoir ce qu'il voulait. Il a été payé pour savoir. C'était son affaire. S'il jugeait sage d'envoyer des témoins accusant quelqu'un d'un crime, alors l'accusation devrait être trouvée. Cette conclusion était une splendide hypothèse de travail, pleine d'expédition, mais pas tout à fait conforme au *jus idéal* .

Ainsi, le grand jury se reposa alors que l'après-midi avançait rapidement, pendant que le scripturaire de Charity Fork travaillait dur et que le procureur se rendait à son bureau pour « voir s'il voulait autre chose ». Ce fut à cette heure d'accalmie qu'un petit homme nerveux se précipita dans le bureau présidé par l'industrieuse fille de la maison McFadden, et s'enquit de M. Huron. Le génie rouge répondit qu'il était occupé. Selon cet oracle, le jeune M. Huron était toujours occupé. Son statut continu était celui d'un labeur infatigable, aussi continu qu'une hypothèque et aussi infatigable qu'un compteur de gaz.

À ce moment-là, le procureur sortit et se dirigea vers la salle du grand jury. Le petit homme accourut et exigea une audience immédiate. Les deux retournèrent au bureau privé et fermèrent la porte. Ici, le petit homme regarda sa montre et annonça qu'il fallait précipiter les choses et se lança dans le sujet. Il expliqua avec une rapidité presque haletante qu'il était un détective de New York, représentant l'agence Loomey . Tout en parlant, il rejeta son manteau, révélant un insigne que M. Huron ne s'arrêta pas pour examiner. Il a dit qu'il avait travaillé sur le cas de Brown Hirst ; qu'il avait finalement découvert que Hirst avait été assassiné, sauvagement assassiné par un certain Robert Gilmore, président de l'Octagon Coal Company ; qu'il avait resserré l'affaire autour de Gilmore au-delà de l'ombre la plus lointaine de la probabilité ; que Gilmore, semblait-il, avait appris d'une manière ou d'une autre l'existence de preuves accablantes rassemblées contre lui et qu'il tentait de fuir le pays ; qu'il avait quitté Philadelphie déguisé en bouvier et qu'il traverserait Chares-ton, Virginie-Occidentale, à minuit sur le Chesapeake and Ohio Railroad, et que s'il n'était pas alors arrêté, il s'échapperait probablement complètement, ou, du moins , soumettre sa caravane aux frais et aux ennuis d'une extradition ; c'est pourquoi le détective s'était précipité à Welch afin d'obtenir immédiatement un acte d'accusation et de revenir à Charleston en mesure d'arrêter l'homme et de le détenir en vertu d'un mandat d'arrêt légal qui serait valide et incontesté.

Il expliqua qu'il devait partir à trois heures pour atteindre à temps le chemin de fer de Chesapeake et de l'Ohio, et demanda qu'on lui permette de se présenter immédiatement devant le grand jury, dont il avait appris qu'il était maintenant en séance.

Le procureur écoutait avec étonnement, mais c'était un homme familier avec les surprises surprenantes d'une enquête criminelle, et il s'est mis à agir avec la célérité que l'affaire exigeait. Il se rendit aussitôt au grand jury avec le détective et expliqua qu'il venait de recevoir des informations tendant à conclure que Brown Hirst avait été assassiné ; que le témoin qui l'accompagnait était John Bartlett, un détective de New York, qui avait travaillé sur l'affaire et donnerait des informations complètes sur les faits du crime. Il a ensuite ajouté que comme M. Bartlett serait obligé de partir dans l'heure, il retournerait à son bureau et préparerait un acte d'accusation pour meurtre. Entre- temps , le grand jury pourrait déterminer si les informations étaient suffisantes pour étayer l'accusation et, si tel est le cas, l'acte d'accusation serait prêt et M. Bartlett pourrait retourner à Charleston sans retard inutile.

Puis il se retira, et le grand jury de McDowell, fortifié par la bouffée de sensation soudaine, oublia aussitôt combien il faisait chaud et commença à se mettre dans un état d'attente bovine lourde.

Le témoin Bartlett s'est assis près de la table, a sorti sa montre, l'a regardée avec anxiété, puis a cassé le boîtier et l'a remis dans sa poche.

Le contremaître posa soigneusement sa plume, essuya son visage mouillé avec un grand chiffon de coton rouge et s'efforça d'assumer la gravité de sa position.

"Tu t'appelles Bartlett, étranger ?" » dit le scripturaire , estimant qu'il convenait pour lui de mettre en branle les rouages de l'enquête judiciaire, mais pas tout à fait sûr de la méthode. "Vous êtes un détective : et je suppose que vous savez tout sur ce petit problème ?"

La dernière partie de la question était une question courante avec le contremaître. Toute la journée, chaque crime, depuis l'homicide jusqu'aux coups et blessures, avait été qualifié par cet inquisiteur de « ce petit problème ». S'il y avait de gros problèmes au sud de Tug River, ils n'étaient pas considérés comme relevant de la *lex scripta* ou de la *lex non scripta* du comté de McDowell.

Le détective a vu l'opportunité de présenter son témoignage sous forme de récit et l'a saisie. Il se pencha sur la table, s'assura de l'attention du jury et commença à parler.

Il raconta comment il avait suivi cette affaire ; comment l'Octagon Coal Company était financièrement au bord de la ruine, et sa théorie était que Gilmore, en tant que président, avait volé une grande partie de l'entreprise ;

que Hirst avait finalement soupçonné ce vol et avait convoqué Gilmore à McDowell ; comment l'homme dangereux avait obéi à la convocation, s'était disputé avec Hirst dans le bureau, l'avait finalement tué et, pour dissimuler le crime, avait transporté le corps sur le pont et l'avait jeté, faisant en sorte que les preuves ressemblent à un suicide. Il a peint dans des couleurs sinistres le caractère désespéré de cet homme Gilmore ; il montra combien craignait d'être arrêté le meurtrier de Hirst, qui, à cette heure même, se précipitait vers l'ouest pour, croyait-il, se mettre hors d'atteinte de la loi.

Le témoin parlait avec désinvolture et astucieusement, et pendant qu'il parlait, le jury, peu familier avec les règles de la preuve, devenait indigné et amer, et tirait avec un sentiment d'indignation gigantesque.

Bientôt, la porte s'ouvrit et le procureur entra avec l'acte d'accusation.

« Êtes-vous prêts à voter sur cette question, messieurs ? Il a demandé.

Le contremaître hocha lentement la tête. "Je suppose que oui, Jeb," répondit-il.

« Alors, a répondu le procureur, M. Bartlett et moi-même nous retirerons.

Le témoin s'est levé et a suivi M. Huron hors de la salle des jurés.

Lorsque la porte fut fermée, l'inquisiteur en chef de Charity Fork ramassa l'acte d'accusation, le retourna curieusement dans sa main lourde, puis le déposa sur la table avec le dossier relevé . Puis il prit sa plume et la planta dans l'encrier.

« Les garçons, observa-t-il gaiement, le Bon Livre dit : « Personne n'échappera, non, pas un ». Et celui-ci, ici ?

"Je pense", a déclaré Uriah Coburn, sage et philosophe et membre le plus vénérable d'Injun Run, "je pense que le Bon Livre a raison, je pense que nous ferions mieux de le faire tomber."

« Flop » était un idiome précis chez McDowell et, traduit, signifiait « lancer lourdement ».

Sur ce point, le grand jury a accepté de nombreuses et diverses méthodes d'assentiment. Alors le membre de Charity Fork reprit sa plume, sortit sa langue du coin de sa bouche et, lentement et avec beaucoup de travail, inscrivit au dos de l'acte d'accusation cette légende, grande de la dignité blessée du Commonwealth : « Un vrai projet de loi. Abraham Collister , contremaître.

V

Le lendemain, à midi, Salathiel Jenkins, adjoint en chef de Carter absent, était un facteur volubile à McDowell. Il a expliqué avec beaucoup de couleurs comment « moi et Bartlett » avions emmené Gilmore en fuite d'un train de minuit et l'avions transporté à la prison de Welch, où il croupissait maintenant. Comme ils avaient été courageux, comme ils avaient été rapides et avec quelle merveilleuse réussite dans chacun de leurs mouvements désespérés. Salathiel Jenkins était un jeune qui se considérait comme étant d'une importance capitale pour l'économie de la nature, une opinion à laquelle le monde dans son ensemble ne partageait pas. Le conservateur Carter l'avait exprimé il y a longtemps lorsqu'il remarquait avec une immense gravité que Salathiel Jenkins n'était pas sage. Mais le potentiel du député était élevé et il parlait. Il a expliqué que le prisonnier avait engagé un avocat avec lequel il était en consultation depuis son arrivée dans la ville. Il a expliqué que M. Bartlett avait conseillé au procureur de forcer l'affaire à un procès immédiatement afin d'éviter une demande de libération sous caution et afin d'empêcher le prisonnier d'être indûment aidé par un complice qu'il pourrait avoir à l'Est.

Il a expliqué que les preuves contre Gilmore étaient accablantes, qu'il y avait des témoins qui savaient quelque chose sur l'affaire et qu'il avait les assignations à comparaître dans sa poche.

Il expliqua que John Bartlett était le plus grand détective de la République et que les jours sur terre de Robert Gilmore devenaient lamentablement courts. L'importance du jeune M. Jenkins jaillit, bouillonnait et s'étendait jusqu'à menacer de gonfler ses proportions anatomiques, et il parlait et il parlait. Il critiquait amèrement le fait que M. Huron avait demandé du temps pour examiner les preuves, et que lui et le grand Bartlett avaient travaillé pour le convaincre que l'affaire devait être jugée immédiatement et qu'ils avaient avait beaucoup de problèmes, mais que tout allait bien maintenant, et que lorsque le tribunal se réunirait dans la matinée, l'affaire serait appelée et poussée, et il se glorifiait du fait que lui et Bartlett avaient assumé une grande responsabilité dans cette splendide expédition.

Il arriva donc que le lendemain matin, la salle d'audience était si bondée que le juge, en descendant vers son banc, dut littéralement se frayer un chemin à coups de coudes. Les détails de la procédure de ce matin démontraient que, même si l'adjoint Jenkins avait parlé , il avait dit la vérité. Après l'appel du rôle, le procureur s'est levé et a demandé qu'un jury soit constitué pour le procès de l'affaire État contre Gilmore.

Le juge s'est dit quelque peu surpris de cette précipitation inhabituelle et a laissé entendre que si une objection était soulevée , il poursuivrait l'affaire à un jour ultérieur du mandat. Cependant, à sa grande surprise, l'avocat de Gilmore a répondu qu'il était tout à fait prêt à subir son procès.

Sur quoi un jury fut constitué et l'affaire fut ordonnée de se poursuivre. La déclaration liminaire du procureur a été franche. Il retraçait l'historique de l'affaire tel qu'il l'avait entendu de Bartlett, admettant librement qu'il n'avait pas été en mesure d'enquêter personnellement sur l'affaire, mais d'après ses informations, il était convaincu que le prisonnier était coupable.

A cela, l'avocat de Gilmore répondit que l'État travaillait dans une prodigieuse illusion ; que M. Gilmore était un gentleman de renom et qu'il apparaîtrait rapidement qu'il n'y avait aucune raison de soumettre son client à l'odieux d'une poursuite criminelle.

Les spectateurs n'étaient pas du tout dégoûtés par le déroulement docile. Ils s'attendaient à une lutte vive et animée, avec les attaques et les parades surprenantes d'une âpre affaire juridique. Ils avaient espéré entendre la grille d'acier et voir les lames s'élancer en avant, se plier et repartir, alors que le champion de l'État et son ennemi s'efforçaient d'obtenir une position dominante. Ils espéraient les intérêts féroces et les frissons rapides et aigus inhérents au combat acharné d'un criminel désespéré pour sa liberté et sa vie, et ils étaient dégoûtés.

Leur fort esprit pugnace sympathisait avec Gilmore et damnait ses conseils. Dans le discours pittoresque d'un auditeur de « Dog Skin », « l'avocat était un lâcheur ».

L'affaire progressait avec une insipidité presque exaspérante.

Le procureur procéda avec beaucoup de délibération et de l'air de celui qui tient la foudre en réserve. Il a prouvé la mort de Brown Hirst par le coroner et d'autres ; il a présenté les livres de la société faisant état de sa situation financière ; et j'y ajoutai d'autres éléments de preuve sans importance qui étaient facilement accessibles. L'avocat de Gilmore ne fit aucune objection à tout cela. Pour l'observateur, il était bêtement indifférent.

Le procureur a ensuite placé le détective John Bartlett à la barre. Bartlett expliqua avec beaucoup de volubilité qu'il était membre de l'agence de détectives de Latency ; qu'il avait appris la mort mystérieuse de Brown Hirst et qu'il espérait obtenir la récompense offerte par la veuve de Hirst, s'était adressé à elle et lui avait demandé la permission d'enquêter sur l'affaire. Il a expliqué qu'il avait appris que l'Octagon Coal Company était dans une situation financière désespérée ; que le président, Robert Gilmore, qui résidait dans la ville de Philadelphie, se trouvait dans le comté de McDowell la nuit de la mort de Hirst, et à partir de ces données, il avait formulé sa théorie selon laquelle Gilmore avait volé l'entreprise ; que ce fait avait été découvert par Hirst, et qu'ils s'étaient réunis à McDowell dans le but de discuter de cette question ; que là, les deux hommes s'étaient disputés , et le résultat fut que Hirst avait été tué et son corps jeté dans la rivière, et les preuves de suicide étaient fabriquées par Robert Gilmore.

Le détective expliqua en outre qu'étant informé que Robert Gilmore avait l'intention de quitter Philadelphie pour Saint-Louis et craignant qu'il ne s'agisse d'une tentative de la part du président de l'Octagon Coal Company de s'échapper du pays, il s'était précipité vers McDowell et avait obtenu un acte d'accusation.

Lors du contre-interrogatoire, il apparut immédiatement que ce détective n'avait aucune connaissance d'un fait quelconque, mais qu'il parlait simplement à partir de certaines conclusions qu'il se plaisait à appeler sa théorie. L'avocat de la défense a décidé de rayer le témoignage de ce témoin, ce qui a été fait, au grand dam de John Bartlett, détective, et de Salathiel Jenkins, adjoint extraordinaire du shérif de McDowell.

Le procureur a ensuite fait part de sa sensation. Il a annoncé au tribunal que pendant la nuit, Gilmore avait fait des aveux à M. Jenkins, le député, et qu'il souhaitait que M. Jenkins prête serment et que son témoignage soit présenté. En conséquence, l'irrépressible Jenkins, en vertu d'un serment dûment prêté, fut transformé en témoin de l'État de Virginie occidentale.

Avant que le témoin ait pu se lancer dans son merveilleux récit de l'auto-condamnation de Robert Gilmore, l'avocat de la défense s'est levé et a demandé la permission d'enquêter sur les circonstances dans lesquelles les prétendus aveux avaient été obtenus. Le juge répondit qu'une telle enquête était tout à fait appropriée, et l'avocat de la défense commença.

Les voies de la Providence sont sans prémonition. Au premier assaut de l'avocat de Gilmore, l'importance du témoignage de Salathiel Jenkins s'est évanouie comme une résolution du Nouvel An. Oui, il était allé voir le prisonnier avec John Bartlett ; il avait expliqué qu'il était le shérif adjoint du comté de McDowell ; qu'il était une personne d'influence; que le prisonnier courait un grave péril ; et que, si des aveux complets étaient faits, lui, Jenkins, inciterait les autorités judiciaires à traiter le prisonnier avec indulgence. C'était une personne importante, disait-il, et, en l'absence du shérif, le premier gardien de la loi et de l'ordre dans le comté de McDowell ; si le prisonnier avouait, lui, Salathiel Jenkins, pourrait le sauver du bourreau, et il le ferait.

Telles sont les conditions dans lesquelles les prétendus aveux ont été faits.

À ce stade de son récit, l'avocat du prisonnier a arrêté le témoin et s'est opposé à l'introduction des aveux comme ayant été obtenus de manière irrégulière. Le tribunal a très rapidement accueilli l'objection et a ordonné au témoin de se retirer.

Le procureur s'est levé et a demandé au tribunal d' *annuler* l'acte d'accusation et d'autoriser le non-lieu. Le juge lui a rappelé que l'affaire était en cours de procès et qu'une telle action ne pouvait plus être entreprise maintenant ; que la demande aurait dû être faite avant la convocation d'un jury; il était désormais trop tard, puisque le contrôle de la cause avait échappé aux mains de l'État.

Le jeune M. Huron, procureur du comté de McDowell, se perdit sans gouvernail sur une mer inconnue. Il s'est levé et a expliqué qu'il n'avait pas eu l'occasion d'examiner les preuves ; qu'il n'avait pas parlé avec les témoins; qu'il s'était appuyé sur John Bartlett et sur les aveux faits à Salathiel Jenkins pour condamner le prisonnier, et que, faute de quoi, il n'avait aucune autre preuve à présenter.

Le tribunal interrompit ce discours d'explication et rappela au procureur que l'État ne pouvait pas invoquer de telles excuses ; que le prisonnier, exposé au risque d'une défense, avait droit à ce que sa cause soit légalement tranchée ; une *nolle prosequi* ne peut plus être introduite et l'affaire doit continuer.

A cela le jeune procureur, ayant repris son sang-froid, répondit que l'État n'avait plus rien à offrir et reprit sa place.

L'avocat de Gilmore a immédiatement demandé au tribunal de rendre un verdict de non-culpabilité, ce qui a été rendu en conséquence et le prisonnier a été libéré.

Mystiques, variées et sans prémonition sont les voies de la Providence. Lorsque le mineur noir descendit dans les temples sans soleil de la terre ce mercredi de juillet, Salathiel Jenkins était une personne de haut rang, encombrant puissamment l'orbite de son employeur. Et quand le mineur noir arrivait le soir, cc même Salathiel Jenkins était un subalterne découragé, rétrécissant comme une valeur pourrie. L'épreuve était effroyable. La fierté du jeune M. Jenkins avait subi un processus de sublimation des plus atroces. Et pourtant, combien la nature était abominablement indifférente. Les livres du bureau du shérif étaient les mêmes. Les arbres, la rivière et, en fait, le monde extérieur tout entier étaient aussi grands qu'avant. Seule l'importance du député avait diminué et diminuait encore. Maître de la folie ! Est-ce que cela s'arrêterait avant d'être microscopique ? Son vice d'hier apparaissait clairement comme les angles d'un mur. Il avait parlé, parlé. C'était l'erreur la plus meurtrière. Au nom de ce célèbre Simon aux antécédents infantiles, n'y avait-il pas de Dieu pour sauver les insensés de lui-même ?

La foule sortit de la salle d'audience et, passant devant le bureau du misérable député, s'arrêta pour le harponner tandis qu'elle passait. Le temps était favorable à la construction d'échafaudages, a-t-il observé. Le député ouvrirait-il le piège en l'absence de son chef ? c'était intéressant de savoir. Pourrait-il faire un nœud de bourreau ? Serait-il heureux de bénéficier de l'aide gracieuse de ses camarades ? Et des incitations plus ingénieuses , tandis que Jenkins, fatigué, transpirait et rétrécissait, mais restait silencieux. C'est ce qu'il avait appris : comme les grandes leçons de la vie apprises par hasard trop tard.

Et cette même nuit, John Bartlett et Robert Gilmore se précipitant vers l'est dans un wagon Pullman sur la Chesapeake and Ohio Railroad remarquèrent avec un commentaire largement favorable que l'ancienne doctrine de la *lex vigilantibus non dormientums subvenit* était merveilleusement vrai à cette époque pratique.

VI

Dans la nuit du dix-septième jour de juillet, le juge du tribunal criminel de McDowell entra dans le bureau du shérif. Il n'était pas d'humeur altruiste, ce juriste. Depuis que ses heureuses affiliations politiques l'avaient propulsé dans un état élevé, sa dignité pesait sur lui lourde comme un brouillard. Il avait été appelé. C'était une inconscience proche du manque de respect. Lorsque le grand juriste entra, la foule dans le bureau de White Carter se leva.

« Juge, » dit le shérif d'une voix traînante, « vous devez pardonner au centurion d'avoir pris cette liberté avec la tribune, mais nous tenions un conseil de guerre secret, et nous avions bientôt besoin de la fontaine de la loi. Je suis sûr que cela ne vous dérangera pas, juge.

La fontaine de la loi chassa son sentiment blessé d'un geste de sa main fine.

« Tout va bien, Carter », observa-t-il. « Mais pourquoi le conclave ? Les bons hommes devraient être au lit.

« Le jour prononce la parole », dit le shérif d'une voix traînante, « et la nuit la nuit montre la connaissance. Et c'est justement là que réside la souffrance. Les garçons se sont rassemblés toute la journée et ont évité la nuit.

Puis il recula près de ses compagnons et ajouta : « Le jeune M. Huron que nous négligerons comme familier dans le forum de votre honneur. L'autre monsieur est M. Hartmyer Belfast, des services secrets des compagnies d'assurance-vie de New York.

Le juge hocha cordialement la tête et s'assit près de la table. Les autres reprirent également leur place, tandis que le shérif ôta ses lunettes, les plaça soigneusement sur l'index de sa grosse main droite et commença à s'expliquer.

« Pendant mon absence, je crois, un certain Robert Gilmore a été inculpé ici et jugé pour meurtre, ce procès ayant abouti à un verdict de non-culpabilité, les preuves étant insuffisantes pour étayer l'accusation. Il apparaît désormais que Gilmore a effectivement tué Hirst et qu'il peut désormais être condamné grâce aux preuves en possession de M. Belfast et de moi-même.

Le juge a haussé les sourcils, mais n'a fait aucun commentaire.

Le shérif a continué. « Au moment de la mort de Hirst , je n'étais pas tout à fait certain qu'il s'agissait d'un suicide. Le manteau et le gilet trouvés sur le pont ne correspondaient pas aux pantalons et aux chaussures du défunt, qui étaient les articles bruts ordinaires portés par les mineurs. Il n'y avait aucune explication à une telle tenue vestimentaire de la part de Hirst. Plus tard, j'ai trouvé chez Jim's Ford un manteau de mineur qui correspondait aux autres vêtements de Hirst. Ce manteau avait été attaché en paquet et jeté dans la rivière en amont, probablement près du pont. Dans la doublure était cousu un carnet appartenant à Brown Hirst contenant de l'argent et une traite sur New York, ainsi qu'un mémorandum d'un certain nombre de polices d'assurance-vie. Ces éléments m'ont amené à croire que Hirst avait prévu d'obtenir l'assurance sur sa vie en organisant un faux suicide, mais d'une manière ou d'une autre, le plan avait échoué après que les preuves aient été préparées et il était mort violemment, probablement de la main. d'un autre.

« Mais l'affaire restait mystérieuse et j'ai jugé préférable de conserver mes conclusions jusqu'à ce que de nouveaux développements apparaissent. J'ai écrit aux différentes compagnies auprès desquelles Hirst était assuré, expliquant les faits que j'avais constatés. Ils m'ont répondu que l'affaire était entre les mains de Hartmyer Belfast, leur agent secret, et que je serais informé lorsque l'enquête serait terminée.

« Quelques jours depuis que les sociétés m'ont télégraphié que M. Belfast pourrait apparaître dans mon comté à tout moment, et hier, il m'a rendu visite. »

Le shérif se rapprocha un peu de la table, et le ton traînant sembla disparaître de son discours.

« On peut maintenant démontrer que Robert Gilmore est venu à McDowell dans le but d'aider Hirst à fabriquer des preuves d'un suicide ; qu'il l'accompagna sur le pont, et après avoir attiré Hirst vers le bastingage du pont, il le jeta brusquement dans la rivière. On peut citer les hommes du train qui ont vu Gilmore à son arrivée et à son départ la nuit du meurtre. Toutes ces preuves ont été soigneusement préparées. De plus, on peut démontrer qu'immédiatement après son procès, pour une raison mystérieuse, Gilmore se rendit directement à Philadelphie et organisa une conférence avec la veuve de Brown Hirst. M. Belfast en était informé et, à la demande de Mme Hirst, il était présent, caché dans une pièce voisine. Cette conférence entre Gilmore et Mme Hirst était remarquable. L'homme fut profondément touché et dit qu'il était venu lui raconter toute l'histoire de sa méchanceté, parce qu'il l'aimait, l'avait toujours aimée, et savait maintenant qu'il ne pourrait jamais l'avoir. Sur quoi il expliqua que Hirst et lui-même avaient prévu de voler les compagnies d'assurance ; que le mariage de Hirst avec elle faisait partie du plan, mais que lui, Gilmore, avait appris à l'aimer et à regretter son action en procurant le mariage, et cela avait si terriblement grandi sur lui qu'il avait finalement tué Hirst.

« Il a ensuite expliqué les circonstances minutieuses de la mort, ajoutant qu'il avait été jugé et acquitté et qu'il allait maintenant quitter le pays, mais que quelque chose en son sein ne se calmerait pas tant qu'il ne lui aurait pas dit toute la vérité. Nous avons donc maintenant, à mon avis, un dossier complet, accompagné des aveux qui, me dit-on, constitueront une preuve tout à fait valable, et avec un tel cas, rien ne peut désormais s'opposer à la condamnation de Gilmore.

« Rien du tout », observa sèchement le juge, « sauf la Constitution des États-Unis d'Amérique ».

Le shérif s'assit brusquement et replaça les lunettes sur son gros nez.

« Vous voulez dire, dit le procureur, que le prisonnier ne peut pas être mis en danger deux fois pour le même délit ?

« À moins que, » répondit le juge, « l'appareil judiciaire de l'affaire McDowell puisse être tenu exempt de la Constitution de l'État et de la Constitution du gouvernement fédéral, conclusion », ajouta-t-il avec une gravité prodigieuse, « à laquelle j'hésiterais plutôt. pour convenir d'une audience informelle. Ayant été une fois régulièrement jugé pour meurtre, cet homme ne peut être jugé à nouveau pour le même délit.

"Il a été jugé", a déclaré le procureur, "que lorsque le premier procès a été obtenu par la fraude du prisonnier, l'affaire n'était pas conforme aux dispositions de la Constitution."

«C'est vrai», répondit le juge, «il y a un premier cas en Virginie, et des cas ultérieurs enregistrés, mais la fraude doit être grossière et apparente. Quelle fraude pourrait être démontrée ici ? L'acte d'accusation a été correctement fondé, le procès a été régulier, aucun soupçon de complot ne pèse sur les agents de l'État, et il ne peut pas non plus être démontré que même des déclarations inexactes ont été faites, à moins qu'une conspiration évidente puisse être démontrée de la part de ce détective, John Bartlett. .» Puis il s'est tourné vers l'agent secret des compagnies d'assurance-vie. "Et ce Bartlett?" Il a demandé.

« Pour autant que je sache, » répondit le détective, « Bartlett n'a fait aucune fausse déclaration. Il est membre de l'agence Loomey à New York. Il est vrai qu'il a rendu visite à Mme Hirst et lui a demandé l'autorisation d'enquêter sur l'affaire. Ce qu'il a déclaré au procureur comme étant des faits étaient des faits. Bien sûr, sa théorie était fausse et ses déductions incorrectes ; mais je présume qu'il ne pouvait en être tenu responsable. J'ai étudié la question avec soin, et bien qu'il soit extrêmement probable que ce procès ait été judicieusement organisé par Gilmore, il a été si habilement mené qu'aucune procédure frauduleuse n'a pu être démontrée de la part de Bartlett, bien que je sois tout à fait certain de son infamie."

Le shérif s'est frotté les mains avec l'onction douce d'un Hébreu lors d'une « braderie ».

« Jeb, » dit-il d'une voix traînante, « je suppose que c'est toi. Je suppose que tout est fini, sauf les cris.

«Eh bien, répond le procureur, je juge qu'il y en a d'autres. Que pensez-vous du regretté Jenkins, ancien représentant du shérif de McDowell ? Le jeune Absalom est-il en sécurité ?

Une légère ondulation de gaieté se répandit sur le gros visage du shérif. « Les garçons, pensa-t-il, c'était un véritable flim-flam. Dispersons-nous tranquillement et efforçons-nous de l'apaiser. Puis il ajouta avec lassitude. "C'est peut-être bien d'être bon, mais il est plus sûr d'être doux."

Le juge se leva. "M. Gilmore a été jugé et acquitté », a-t-il observé. « Le dossier est complet. Il ne peut plus être tenu responsable de ce crime, même s'il se plaît à proclamer sa culpabilité sur les toits.

« Alors, » dit le détective avec la morne délibération d'un homme qui se retire d'une cause défaillante, « ce meurtrier ne peut pas être puni. »

Les yeux bleus rêveurs de White Carter nageaient avec indifférence

"Peut-être", dit-il d'une voix traînante, "quand le gentleman aura traversé le flot mélancolique avec ce sinistre passeur dont les poètes parlent au Royaume de la Nuit Perpétuelle."

(Voir Code of West Virginia, Chap, cxxiv., Sec. 14, Chap, cvi., Sec. 25 ; également Chap. cxxv. Voir tout bon manuel sur le propriétaire et le locataire. Le cas également de Martin Admix contre Smith al., 25 West Virginia, 579, et moulages cités.)

LE GRAZIER

je

Le foreur du Bonnie Mag No. 3 avait surveillé la voie publique tout au long de l'après-midi d'été ; Des tâches exigeantes et laborieuses avaient été accomplies à l'ombre du derrick en ce dix-neuvième jour d'août, tout à fait suffisantes pour distraire l'attention de l'homme ordinaire, mais pendant tout cela, le foreur avait maintenu sa garde. Le pompier, un mortel crasseux, qui considérait la compagnie pétrolière monstre comme la seule et toute-puissante puissance de l'univers, avait remarqué cette apparente inquiétude du foreur, et avait demandé, avec une touche d'humour, si ce monsieur s'attendait à voir jaillir de la graisse. hors de la route. Ce à quoi le foreur avait répondu par des grossièretés barbares que le pompiste avait été employé pour pomper et qu'il pouvait maintenir sa position en tenant sa langue, mais pas autrement. Une suggestion qui bannit toute légèreté du discours du pompiste. En outre, il y avait une lueur rouge dans les yeux du foreur, et le subalterne de la grande compagnie pétrolière appréciait parfaitement toute la signification de l'enseigne. Il l'avait remarqué auparavant en diverses occasions mouvementées, notamment un certain matin où, interrompu par un ordre de la Circuit Court, le foreur avait aussitôt suggéré au shérif adjoint qu'il pourrait se rendre dans les régions infernales avec son injonction ; et au lieu de suspendre ses opérations jusqu'à ce que le forum juridique puisse déterminer le titre de propriété, il avait respecté son contrat en poussant son puits jusqu'au sable Gordon.

Il est vrai que la Circuit Court avait saisi le corps du foreur et l'avait amené devant son auguste présence pour lui infliger une amende de deux cents dollars pour outrage, mais le vieil homme avait payé l'argent sans hésiter un instant et immédiatement après. a envoyé la Circuit Court dans la même région chauffée initialement suggérée au shérif adjoint.

Le soleil s'était couché et le crépuscule commençait à se coucher sur le champ de pétrole. Les ombres s'assombrirent sur la longue vallée en pente, et les grands derricks, dans la pénombre, semblaient sombres, décharnés et menaçants comme de sinistres machines de guerre. Il était désormais difficile d'observer la route depuis les puits de pétrole situés tout en haut à flanc de colline, et le foreur, qui avait manifestement l'intention de maintenir à tout prix sa surveillance de l'artère du comté, sortit de l'ombre du derrick et commença à essuyer. ses mains sur l'herbe ; quand il eut fini, il se tourna vers l'autopompe. "Gardez juste un œil sur ce câble," dit-il sèchement, "je serai de retour quand vous me verrez arriver." Puis il se tourna et descendit lentement le chemin jusqu'à la route.

Le doux souffle du vent venant du nord à travers les failles des collines basses n'apportait aucun son, à l'exception du bruit sourd et incessant des moteurs tirant des ruisseaux de richesse liquide d'un millier d'artères étroites menant au sein de la terre. Cette grande industrie, non contente de changer la civilisation, avait changé aussi la face même du pays ; deux ans auparavant, cette brise d'été palpitante avait emporté avec elle le murmure des champs de maïs qui mûrissent, la douce odeur des pâturages tranquilles où erraient des troupeaux de bœufs à l'engrais dans les champs d'herbe bleue. Désormais, les terres étaient jalonnées de routes carrossables, parsemées de baraquements rudimentaires des autopompes et de gigantesques réservoirs en bois des grandes compagnies pétrolières ; et çà et là, comme le dos laid et tordu d'un énorme serpent, un tuyau noir s'étendait sur une longueur interminable à travers le pays accidenté. L'avidité régnait sur le monde et la beauté, comme bien d'autres dons de la nature, fut brisée sous son marteau.

Le foreur pétrolier s'est arrêté au bord de la route et a appuyé son long corps contre la clôture ferroviaire. C'était un vieil homme maigre, aux traits pointus et émaciés, ses cheveux et sa barbe gris fer étaient emmêlés d'huile, et ses longs bras, nus jusqu'au coude et brûlés noirs par le soleil, luisaient graisseux comme le piston de son moteur. . Le vieil ouvrier gardait sa montre dans un silence de mort, et au-delà de cela, son visage ne montrait aucun intérêt. Cet homme appartenait à ce type de fer dont le monde a tant dépendu pour sa civilisation, ce type qui, où qu'il soit placé, travaille à son poste comme une machine, incontestée, infatigable, fiable comme une loi. Dans le rang de leurs légions, elle avait étendu le règne des Césars ; sur les larges ponts des navires de guerre, elle avait élargi la domination de la Grande-Bretagne ; et dans les mines, les moulins et les forêts d'Amérique, il avait élevé, maintenu et enrichi une République ; grandissant plus qu'eux tous.

Bientôt, dans le crépuscule qui s'approfondissait, une immense ombre apparut au pied de la longue colline, et le foreur entendit distinctement le bruit d'un cheval qui remontait tranquillement la route sablonneuse. À mesure qu'elle approchait, l'ombre indéfinie prenait une silhouette claire et décidée, jusqu'à ce que quelqu'un dans la position du foreur ait pu voir que c'était un homme énorme, monté sur un cheval rouan roux. L'homme était penché en avant, la tête baissée et les mains posées sur le pommeau de sa selle, tandis que les rênes de la bride pendaient entre ses doigts. Lorsqu'ils furent en face, le foreur parla.

"C'est toi, Alshire ?" il a dit.

Le géant jeta ses grandes épaules en écorce et arrêta son cheval avec une clé sur la bride « Morg Gaston ! » » annonça-t-il avec une trace de surprise dans la voix, puis il ajouta, à moitié en excuse : « quel est ton bon mot ?

Le foreur a grimpé lourdement par-dessus la grande clôture à piquets et à cheval . « Je vous ai vu descendre ce matin, dit-il, et je vous ai surveillé ; Je veux te dire quelque chose."

Puis il arriva au milieu de la route et posa son menton graisseux sur la crinière du rouan roux.

« Un sacré cheval de haut », dit le foreur.

"Dix-sept mains", répondit le géant.

Le vieil homme parcourut lentement les proportions immenses du voyageur , sa poitrine profonde et puissante, ses épaules larges et épaisses et ses membres massifs presque grotesquement énormes.

« Vous n'êtes pas petite vous-même », observa-t-il, comme s'il annonçait une découverte, « et j'en suis sacrément content, du moins j'en étais sacrément content ce matin-là, le derrick pourri du vieux Ward s'est effondré, et vous avez eu le hasard et l'avez soulevé. moi. J'étais coincé sous ces poutres comme un rat.

L'homme rit, mais son visage dans le noir n'était pas joyeux. Le foreur étendit son inspection minutieuse au cheval ; quand il eut fini , il recula sur la route et une expression d'admiration intense se répandit sur ses traits rudes.

« Par joyeux ! » il a dit, "vous êtes une paire vers laquelle dessiner."

Le géant tapota le garrot du grand cheval.

"Cardinal est un bon poulain", répondit-il, "bon à mesure qu'il grandit."

Le foreur resta debout pendant quelques instants, les regardant presque avec adoration ; puis il se redressa brusquement et, s'approchant du cheval, posa ses bras mouillés de pétrole sur le pommeau de la selle.

« Alshire , » dit-il en baissant la voix, « la Compagnie pense qu'il y a de la graisse sous vos terres. J'étais debout pour voir le directeur hier soir, et pendant que j'étais là, les ingénieurs sont arrivés avec les cartes, et ils ont tous convenu que la tête de la piscine se trouvait sous votre ferme. Vous êtes à environ trois milles à l'est du développement, mais la ceinture passe sûrement dans votre direction ; ce dernier puits que la Compagnie a bouché vaut quarante barils de mieux que le n° 1, cinq cents pieds à l'ouest ; et je vais vous dire autre chose, il n'y aura plus d'ennui dans cette région jusqu'à ce que la Compagnie s'empare de toutes ces terres situées à l'est, y compris la vôtre. Mes instructions sont de faire sécher ce dernier et de déménager dans l'Ohio.

Le grand Alshire se pencha et posa sa large main sur le bras graisseux du foreur. "Je te suis obligé, Morg ," dit-il lentement. "Je ferai attention."

« Par joyeux ! » continua le vieil ouvrier, tu ferais mieux, ce sont des plongées en douceur , et quoi que tu fasses, garde ta bouche bouchée. Je n'ai jamais fait de double croix à la Compagnie auparavant, mais je ne pouvais pas les voir vous écorcher, par joie, je ne pourrais pas !

Le vieux foreur parla rapidement, comme s'il avait à moitié honte de sa trahison, et quand il eut fini, il se tourna et commença à escalader la haute clôture.

" Morg ", appela le géant. " Morg ."

« Ce n'est pas grave, » répondit le foreur en disparaissant sur le flanc sombre de la colline, « gardez simplement votre bouche bouchée ; c'est d'accord."

Le géant toucha son cheval au flanc avec son talon et poursuivit sa route.

Rufus Alshire était un éleveur , une activité exercée presque exclusivement dans ce magnifique pays d'herbe. Bien des années auparavant, son arrière-grand-père , un conservateur anglais, avait fui vers ce pays de l'intérieur des terres pour échapper à certaines relations désagréables avec le gouvernement colonial. Ici, il avait construit un énorme manoir en rondins et, s'entourant de serviteurs plutôt sans valeur, il entretenait une sorte d'existence baronniale. D'autres suivirent, et après un certain temps le pays fut défriché et fut divisé en grandes étendues de pâturages, propriété de ces puissantes familles. Mais les éléments du système féodal, bien que subissant quelques modifications, subsistent. Les locataires étaient, pour la plupart, nés et élevés sur les terres agricoles et étaient presque des locataires.

Les descendants de cette ascendance indépendante continuèrent à résider le plus près possible de la partie centrale de leur domaine et entretinrent d'immenses demeures, parfois rudimentaires et peut-être pas tout à fait confortables, mais toujours énormes. La nature du pays étant particulièrement adaptée à l'engraissement des bovins de boucherie, cette industrie devint bientôt l'affaire exclusive de ce peuple puissant. C'était une industrie rentable et suprêmement indépendante, qui laissait libre cours aux instincts baronnials des Anglo-Saxons ; qui, même après tant de centaines d'années de l'âge d'or de sa race, aimait toujours le ciel ouvert, les collines bleues et les chênes monstrueux, et détestait dans son cœur avec un esprit de rébellion amer et obstiné la moindre ombre de retenue. Il était prêt à servir Dieu si nécessaire, mais tant qu'il vivrait, il ne servirait pas les hommes. Par leur stature, les descendants des Saxons morts depuis longtemps étaient d'énormes spécimens de la race, presque aussi grands que les légendaires barbares de Lygie ; des hommes puissants, que des relations étroites et intimes avec mère nature maintenaient forts et immensément vitaux jusqu'au soir même de la vie. Mais l'hospitalité du Saxon était démesurée, ses impulsions étaient bienveillantes et il était tout à fait content de laisser les affaires du gouvernement et les problèmes de la civilisation entre d'autres mains, à condition que les serviteurs de ces puissances retiennent leurs pieds à l'écart de son sol.

Le crépuscule s'était transformé en nuit ; sur la crête des collines lointaines, les grands chênes se découpaient sur le ciel comme de puissantes figures silencieuses attendant une parole mystique qui les rappellerait à la vie.

Le bord de la lune se levait lentement derrière le champ de pétrole, rouge comme du laiton battu ; la route, couverte d'ombres et de lumières changeantes, s'étendait à travers le pays vallonné comme un ruban d'argent. Le brouteur chevauchait lentement, les mains pendantes paresseusement le long de son corps et le visage plongé dans une profonde réflexion ; de temps en temps , il levait sa lourde main droite et la frappait lourdement contre l'arçon de sa selle, comme pour indiquer par là une décision importante enfin prise, mais aussi souvent il laissait retomber la main à sa place.

Les informations importantes fournies par le foreur pétrolier avaient ajouté un élément puissant aux questions qui l'intéressaient manifestement. Le cheval, livré à ses propres inclinations, accéléra le pas et bientôt l'ombre d'une immense maison se profila sur la crête de la colline, au bord de la route. Le cheval s'est arrêté à la porte, ainsi que l'homme. sorti de sa rêverie, descendit lentement de cheval et ouvrant la porte fit passer le cheval ; en fermant le portail, il s'arrêta un instant et appuya son énorme coude sur le loquet. « Eh bien, dit-il comme pour s'annoncer sa conclusion provisoire, j'expédierai le bétail demain et je verrai Jerry. »

II

DEPUIS les premiers récits d'événements, qu'ils soient sacrés ou profanes, le genre Bos a été associé à l'histoire du propriétaire foncier. L'ancien Égyptien voyait en lui certaines traces de divinité et l'honorait avec une reconnaissance appropriée. Le regretté Job, autrefois poète des calamités, trouva le temps, au milieu de l'enregistrement de ses nombreux désastres, d'exprimer sa vénérable appréciation de l'espèce ; et le païen Homère, tout en chantant les dieux et les hommes, se rappelait de chanter aussi les vertus du noble taureau ; et les peintres aussi, depuis Claude Lorraine jusqu'à Rosa Bonheur, ont daigné considérer l'importance artistique des vaches domestiques ; le traitant d'abord comme un complément nécessaire à un paysage, puis comme un personnage central de la scène. Il n'est pas rare qu'il ait joué son rôle, disent les archives, dans les projets d'hommes, vertueux ou autres. Un certain général barbare et rusé l'utilisa à bon escient dans une situation d'urgence difficile, et le patriarche Jacob l'utilisa dans une expérience physiologique astucieuse, qu'il avait probablement apprise à Padan-aram à l'époque où il était en salade ; une expérience qui ajouta beaucoup à la valeur mondaine du bon père, mais qui n'enleva pas peu de sa renommée.

Lorsque le soleil se leva derrière la large colline orientale le lendemain matin, il regarda Rufus Alshire , qui, bien plus expéditif que lui, s'était déjà mis aux affaires de la journée ; Avant l'aube, il avait sorti les bovins de leurs lits dans les pâturages frais, les avait pesés sur sa balance et les avait mis en route pendant leur voyage jusqu'à la station d'expédition à une dizaine de kilomètres de là. Le troupeau errait tranquillement le long de la route. Le géant Alshire traversait le troupeau, faisant avancer lentement les bœufs ; tandis qu'il suivait le troupeau pieds nus dans la poussière, il y avait un de ses serviteurs, un jeune idiot, portant un ancien chapeau de paille, une chemise à l'origine de l'étoffe appelée « hickory », mais maintenant rapiécée de couleurs variées, et un pantalon de drap bleu bien ajusté. usé et effiloché. Tandis que les jeunes marchaient d' un pas lourd, il chantait d'une voix aiguë une de ces petites chansons simples que chantent les enfants qui jouaient, et, en guise d'illustration, il dansait de haut en bas et fouettait la poussière avec un long bâton en hickory. Il n'y avait pas dans son cœur l'ombre des soucis des hommes, et c'est peut-être pour cette raison que sous sa chemise déchirée se trouvaient les deux tiers du bonheur du monde.

Alors que le troupeau errait sous les grands chênes qui bordaient la route et que les rayons du soleil du matin se glissaient à travers les feuilles vertes, créant d'étranges taches marbrées sur le bétail élégant et des taches brillantes et changeantes sur l'herbe rosée, celui qui regardait pourrait facilement avoir J'en suis venu à croire que le monde avait remonté plusieurs centaines d'années en arrière, et que c'était une clairière herbeuse de la joyeuse Angleterre, et le troupeau, le bétail du Saxon bourru et gigantesque qui chevauchait parmi eux sur son énorme cheval rouge, renfrogné sous son noir. sourcils et malédictions de Saint Withold et Saint Dunstan et de l'âme de Hengist les mauvais temps du Conquérant qui l'obligea à conduire son troupeau dans l'épaisse forêt à l'aube afin de le préserver des maraudeurs acharnés d'un baron normand ; et il aurait cherché de près de grosses pierres à moitié enfouies dans la mousse, monuments durables des rites étranges et sanglants de quelque sévère colonie de druides morte depuis longtemps ; puis il leva brusquement les yeux pour voir si cette tache de verdure plus épaisse dans les bois plus profonds n'était pas en effet le manteau de quelque vaillant hors-la-loi dont le sein était anglais, et qui se tenait prêt avec son arc en if et son manche de toile à rejoindre l'énorme Saxon. dans sa lutte acharnée contre les sanglants partisans du duc Guillaume de Normandie ; et quand le troupeau était passé par là, on se serait penché sur la route pour voir s'il n'y avait pas un collier de cuivre solidement soudé autour du cou de l'heureux vacher, gravé en lettres saxonnes de cette inscription : « Zaak , fils de Jonas, est l'esclave de Rufus d' Alshire .

Le joyeux soleil sous la chère arche bleue, avec ses bruits familiers de la vie qui s'éveille et son souffle frais, chargé de l'odeur fraîche émanant des prairies de trèfles surgissant de douces nouvelles fleurs après la récolte, tout cela si propice à une existence insouciante et joyeuse. , n'a absolument pas réussi à éliminer toute partie de l'anxiété du visage du brouteur .

Il était assis nonchalamment sur sa selle, les yeux gris mi-clos et les muscles de son visage plissés ; le rouan roux, dressé dès l'époque où il était poulain, assumait les devoirs de son maître et se déplaçait prudemment parmi le bétail ; son intelligence équine appréciait que cela faisait partie de son devoir envers le maître indolent, de veiller à ce que le troupeau continue d'avancer lentement et qu'aucun bœuf ne s'arrête pour couper l'herbe mouillée au bord de la route ou pour se battre avec ses semblables.

Les veilles de la nuit n'avaient apporté à Rufus Alshire aucune solution au problème avec lequel il avait tant lutté la veille au soir. Il agissait, il est vrai, selon son plan temporaire, mais cela ne semblait être qu'un incident dans le principal problème épineux.

Le géant était désormais totalement inconscient de son environnement et, plongé dans son trouble, il parlait à haute voix. « Si seulement je pouvais détenir le titre », murmura-t-il, puis, comme s'il réalisait la folie de son espoir, il agrippa l'arçon de sa selle avec sa main et redressa brusquement son pied puissant dans l'étrier. Le cuir se brisa sous le poids et l'étrier de fer tomba sur la route. Le rouan roux s'arrêta net, et l'énorme Alshire , prononçant quelque sévère malédiction sur sa lourde taille, descendit de cheval, ramassa l'étrier et l'attacha à la sangle. Puis il passa la bride sur son objectif et, marchant à côté du cheval, se mit à examiner le troupeau avec l'œil critique d'un expert et à le commenter avec la naïveté d'un enfant.

« Du bœuf pour les Britanniques. » dit-il, « et le meilleur bœuf que John Bull ait jamais mis sous ses côtes. Ils sont larges sur le dos, profonds sur la poitrine et lourds dans les quartiers, et chacun de leurs veaux noirs faisait battre la poutre seize cents livres.

L' éleveur frappa affectueusement le cou de son cheval. « Ils plairont aux Juifs, n'est-ce pas, mon garçon ? Le rouan dressa les oreilles et frotta son nez contre le bras de son maître, comme si cette déclaration était tout à fait en accord avec ses propres opinions personnelles sur la question. "Ils expédieront bien au-dessus de la mer." Le géant rit. « Et bon sang ! Si les navires pourris tiennent bon, les brutes noires seront plus près de la reine que la plupart des petits snobs qui errent à l'Est.

Le troupeau de Rufus Alshire appartenait à cette espèce de bovins de boucherie appelée Polled-Angus, originaire des basses terres d'Écosse ; une race d'importation relativement récente. C'étaient de beaux bœufs, pleins, ronds et de belle forme ; sans cornes, avec une tête et un cou garnis et avec des manteaux aussi noirs que l'esprit légendaire de minuit. La loi de la sélection naturelle avait finalement indiqué que cette race était la mieux adaptée aux conditions du pâturage de Virginie occidentale . Il était rustique, facile d'entretien et supportait sans peine les rigueurs de l'hiver, de plus il mûrissait rapidement et gagnait rapidement en chair, et puis aussi, l'absence de cornes le rendait plus facile à manipuler et beaucoup moins dangereux.

La corne, arme nécessaire et puissante à l'état sauvage, était à l'état de domestication un encombrement inutile. C'est pourquoi la nature, travaillant pour le confort des hommes, a introduit et produit le Polled-Angus.

L'activité de l' éleveur avait été progressive. Le puissant propriétaire terrien, qui achetait à l'automne son bétail aux éleveurs des comtés de l'intérieur, avait toujours encouragé la culture de la race. Pendant de nombreuses années, le Durham à cornes courtes était le grand bétail de ce pays intérieur. C'était une vieille race ; vieux en Angleterre lorsque les Scandinaves et les Danois envahissaient la rivière Tees. Mais la race, bien qu'excellente, était plutôt lente à mûrir et peu adaptée aux hivers rigoureux, et l'éleveur s'éveilla aux besoins de son marché et, à la recherche d'un animal mieux adapté à ses usages, tomba par hasard sur le Hereford, importé d'abord par l'aîné. Argile du Kentucky. Et le Hereford est devenu le bovin principal du pâturage . Il était vieux aussi ; vieux du côté nord de la rivière Wye au dixième siècle, et ancien, dit-on, dans la loi de Howell le Bon ; mais bien qu'il soit un excellent animal de boucherie, il conservait un défaut, la corne massive. Il conserva néanmoins sa place, jusqu'à ce qu'un certain matin d'automne, lors d'une exposition de gros bétail à Chicago, la bonne épouse d'un puissant éleveur de Virginie , en quête du bœuf idéal, désigna dans l'arène le splendide Polled-Angus et Il a dit : « Il est là, mais il n'a pas l'air humain. » Et il était bien là, large et noir brillant, et sans cornes comme une paume d'homme – la réponse de la nature au rêve de l'éleveur.

Le grand soleil fauve montait haut dans le ciel ; la chaleur du jour s'installait sur la terre vivante comme un manteau invisible ; la fraîcheur vive de la brise matinale avait fait place à l'air chaud et monotone de midi. La poussière montait en nuages sous les pieds du troupeau, et le bétail lui-même, chaud et contrarié par ce voyage pénible, était agité et difficile à contrôler. Le grand Al-shire et son énorme cheval se déplaçaient ici et là à travers le chemin blanc de poussière ; tandis que l'heureux esclave marchait d'un pas lourd derrière le troupeau, sifflant joyeusement et se retournant de temps en temps pour frapper un bœuf à la traîne, et criant avec une joie enfantine : « Allez, gros gars ; ce soir, vous monterez dans les wagons à vapeur, et demain les Britanniques vous mangeront. Et malgré une légère inexactitude en ce qui concerne le temps, le stupide Zaak avait tout à fait raison. Pour lui, les voitures à vapeur étaient des merveilles venues du pays des merveilles, et les Britanniques étaient un monstre lointain et gigantesque doté d'une gueule puissante et insatiable.

III

Le jeune homme ferma la porte du bureau privé du club, revint à table, s'approcha d'une chaise à côté de son compagnon et s'assit.

"Rufus", dit-il, "comment es-tu entré si profondément ?"

"Eh bien", répondit le brouteur en regardant le sol. "Je suis un con, Jerry, juste un connard naturel. J'allais bien, je me débrouillais bien et je vivais comme un seigneur, jusqu'à ce que je m'engage dans cette entreprise forestière. Quand cela commençait à trembler, j'essayais de me sauver en empruntant de l'argent et en le retenant jusqu'à ce que la panique soit passée, mais je n'y parvenais pas , et quand la chose échoua , j'avais les billets à payer. Je ne voulais pas être poursuivi, alors j'ai emprunté de l'argent. C'était une grosse somme, presque aussi importante que ma valeur, mais je pensais que les hommes à qui j'avais emprunté l'argent ne me pousseraient pas et que je pourrais probablement m'en sortir d'une manière ou d'une autre. J'aurais pu me douter que le crash allait survenir, mais il est naturel, à mon avis, de retarder ce jour funeste. »

« Vos créanciers ont-ils engagé des poursuites judiciaires ? demanda le jeune homme.

"Pas encore", répondit Alshire . "Jeudi, j'étais au siège du comté pour m'occuper de mes impôts, et pendant que j'étais là, William Farras , qui est un directeur local de la compagnie pétrolière, m'a pris à part et m'a dit que suite à certaines transactions commerciales, mes notes étaient tombées entre ses mains, et a ajouté qu'il espérait que je serais en mesure de les payer, car il était dans une situation difficile et aurait besoin d'une somme d'argent considérable d'un coup. Le soir, en rentrant chez moi, j'eus avec le foreur la conversation dont j'ai parlé ; et sa déclaration rendait le projet aussi clair que le jour. La société estime que la piscine se trouve sous mon terrain et, désireuse de sécuriser la propriété, elle a racheté mes obligations impayées. Le plan est de me poursuivre immédiatement, de vendre le terrain et de l'acheter.

Le géant parlait lentement, les gros muscles de son visage tendus et ses yeux durs. Il leva sa lourde main serrée et la posa lentement sur son genou. « J'ai expédié le bétail, ajouta-t-il, pour éviter qu'il ne soit attaché, et j'ai tout parcouru d'un bout à l'autre, et par tous les diables de l'enfer, je ne vois aucun moyen d'arrêter leur gibier.

Jerry Van Meter se leva et se dirigea vers la fenêtre. Il était profondément affecté par la situation désespérée de son ami, et son cœur était lourd. La situation était inversée. Dès son enfance, il s'était adressé au géant pour lui faire part de ses problèmes, et le géant avait toujours trouvé une issue. Maintenant, l'homme était venu vers lui et il était impuissant. Il regardait l'immense éleveur assis, immobile, le visage dans les mains, et les larmes lui montaient aux yeux. Van Meter connaissait trop le monde pour ne pas savoir que cet homme était ruiné. Finalement, il se tourna vers son compagnon.

"Rufus", a-t-il dit, "nous allons descendre dans mon bureau et voir ce qui peut être fait."

Ce n'était qu'une tentative de retardement. Dans son cœur, le jeune homme savait que l'affaire était sans espoir.

Les deux hommes se sont levés et ont quitté le club.

La vie de Jerry Van Meter avait été remplie d'événements tout aussi variés et aussi rapides que celle de Sinbad le marin. Ses parents, qui résidaient dans une petite ferme près du domaine de Rufus Alshire , étaient morts alors que l'enfant Jerry était encore un bébé, et l'immense éleveur avait assumé la tutelle du jeune. Sous sa direction, le garçon avait fait ses études et avait finalement été installé comme employé de banque dans l'une des petites villes. Mais l'esprit d'aventure était grand dans la poitrine du jeune Jerry, et un matin, il ferma soigneusement le grand livre et disparut dans le Nord-Ouest. Ici, il a arraché des dents pour un dentiste ambulant, joué du tambour pour une maison de savon et voyagé avec un cirque. Mais il avait une étoile heureuse, jamais obscurcie ; et lorsque le boom a frappé Saint-Paul, Jerry est arrivé, a acheté partout et a emporté avec lui dix mille dollars en or, qu'il a rapidement déposés dans un seau-shop à Chicago. Une lettre au bon génie Alshire apportait un chèque de cent dollars et neuf pages de conseils.

Avec cet argent en poche, Jerry est parti vers la côte Pacifique. Ici, il préparait des boissons dans un bar et occupait le poste important de commis de nuit dans un restaurant, jusqu'à ce que son étoile revienne, et quand cela se produisit, Jerry tomba par hasard sur une réclamation abandonnée qui lui rapporta sept mille dollars. Il rendit à Alshire les cent dollars et la lettre de conseil usée mais mal écoutée , et partit pour l'Est. A Saint-Louis, il s'intéressa profondément à certaines courses de chevaux, et dix jours plus tard il débarqua dans les Virginies bronzé, barbu et fauché. Le géant Alshire se moqua des escapades de ce jeune jusqu'à en avoir mal aux côtés, lui remit un autre chèque et l'ancienne lettre de conseil avec diverses modifications, et l'inquiétant M. Van Meter descendit dans la métropole de New York. Ici, son étoile fit preuve de constance, et il devint courtier d'assurances et homme d'affaires.

Les deux hommes descendirent lentement les marches du club et traversèrent l'artère très fréquentée. Alors qu'ils franchissaient le trottoir d'en face, ils furent surpris par un cri aigu et se retournant brusquement, ils virent un petit homme trébucher et tomber en avant dans la rue, juste devant un wagon postal qui approchait. Les grands chevaux étaient presque sur lui, fonçant au grand trot. Le conducteur ne regardait pas à ce moment-là, mais il était trop tard pour qu'il puisse empêcher l'accident imminent, même s'il l'avait fait. Le géant Alshire courut dans la rue, attrapa les chevaux et jeta son lourd poids contre les morceaux de fer. Les lourds Percherons se cabraient et se renversaient, la langue du chariot s'élançait en avant, effleurant l'épaule du géant, et les roues s'arrêtaient un instant presque contre le corps de l'homme prosterné. À ce moment-là, Van Meter tira le malheureux piéton sous le ventre des chevaux. Le géant s'écarta vivement, et les chevaux, s'élançant lourdement sur les pavés, poursuivirent leur route dans la rue, tandis que le cocher à moitié étourdi ne regardait même pas en arrière pour vérifier ce qui s'était réellement passé.

Le petit homme essuya la poussière de son chapeau avec la manche de son manteau et leva les yeux vers ses libérateurs.

«Eh bien», dit-il, «Randolph Mason a failli perdre son commis. Je suppose que je suis tombé sur ce rail infernal.

Une grande lumière est apparue sur le visage de Jerry Van Meter. Il s'approcha du petit homme et le saisit par l'épaule. «Randolph Mason!» il a dit : « Est-ce que Randolph Mason est à New York ?

"Oui", répondit le petit homme. «Je suis son commis. Parcs est mon nom. M. Mason est là, mais... » Puis il s'arrêta net.

Van Meter, désormais excité, secoua le petit homme presque brutalement par l'épaule.

« Bien, s'écria-t-il, bien, il faut le voir tout de suite. »

L'employé Parks baissa les yeux sur ses vêtements souillés et la poussière sur ses mains meurtries.

« Messieurs, dit-il lentement, cela va à l'encontre de l'ordre strict des médecins, mais, dans ces circonstances, je ne vois pas bien comment je vais refuser.

IV

R ANDOLPH MASON se pencha en avant et frappa lourdement de la main le bras de son fauteuil.

« Quarante mille, dit-il sèchement, vous devez cette somme, monsieur ? Son visage paraissait vieux, creusé et sillonné de lourdes rides sombres, mais ses yeux brillaient sous ses sourcils hirsutes.

"Oui", répondit le pâturage , "tout à fait ça."

« Pour obtenir cette somme en espèces, continua Mason, il faudra traiter avec une banque ou une institution d'épargne dont le président ou un directeur puissant soit avocat. Cette condition se retrouve dans presque toutes les petites villes du pays, et si mes instructions sont strictement suivies, le plan peut être exécuté et l'argent obtenu en très peu d'heures. Le plan est simple et facile. En premier lieu… »

«Mais», dit le géant Alshire , «je ne veux pas de l'argent des autres hommes. Je ne veux pas commettre de crime.

Les veines du front de Randolph Mason devinrent noires de colère.

"Commettre un crime!" il pleure. « Aucun homme ayant suivi mes conseils n'a jamais commis de crime. Le crime est un mot technique. C'est le nom que donne la loi à certains actes qu'elle se plaît à définir et à punir d'une peine. Seuls les imbéciles, les idiots et les enfants commettent des crimes.

"Eh bien", répondit le brouteur , "que le plan que vous vous apprêtez à proposer soit un crime ou non, c'est certainement un tort moral, et je n'ai aucune envie de braquer une banque en commettant même un tort moral."

Randolph Mason se leva lentement et pointa du doigt l'immense Alshire .

« La vieille histoire, » ricana-t-il, « un enfant qui a peur d'un gobelin. Mauvaise morale ! Un nom utilisé pour effrayer les imbéciles. Il n'y a pas une telle chose. La loi établit la seule norme selon laquelle les actes du citoyen doivent être régis. Ce que la loi permet est juste, sinon elle l'interdirait. Ce que la loi interdit est mal, car elle le punit. C'est la seule mesure licite, la seule qui porte le cachet et la sanction de l'Etat. Tous les autres sont faux, contrefaits et nuls. Le mot moral est un pur symbole métaphysique, ne possédant pas plus de vertu intrinsèque que le signe radical.

« Je vous demande pardon, M. Mason, » dit Van Meter en entrant dans la conversation, « mais je suis tout à fait certain que vous vous méprenez sur la demande de mon ami. Il ne cherche pas à obtenir une quelconque somme d'argent. Il souhaite simplement conserver le titre de propriété de ses terres et empêcher sa vente, jusqu'à ce qu'il puisse déterminer l'étendue de sa production pétrolière.

"Pour quelle durée?" » demanda Mason.

« Eh bien, » dit le pâturage , « je ne sais pas vraiment. Un an peut suffire, voire moins ; alors que, d'un autre côté, cela pourrait prendre plusieurs années. Voyez-vous, si je peux empêcher la vente de la terre et la garder à mon nom jusqu'à ce que le territoire soit développé, alors si du pétrole se trouve en quantités payantes , je pourrai honorer toutes ces notes, et si la terre est sèche, je ne suis pas pire. désactivé. En tout cas, je veux conserver la terre et voir.

« Y a-t-il des jugements enregistrés contre vous ? » » demanda Mason.

"Pas encore", répondit Alshire , "mais Farras se prépare à intenter une action en justice concernant les billets et à précipiter la vente. Puis-je l'arrêter ? puis-je suspendre la vente ? Il y avait de l'inquiétude dans la voix du brouteur .

Randolph Mason commença à marcher de long en large à travers la pièce d'un pas nerveux et instable.

« Facile, marmonna-t-il, aussi simple qu'apprendre à mentir. » Puis il s'arrêta près de la table et regarda brusquement le grand Alshire .

« Avez-vous deux amis, a-t-il demandé, non-résidents de votre État, en qui vous pouvez avoir confiance ?

«Oui», répondit le pâturage , «M. Van Meter ici à New York et Morgan Gaston maintenant dans l'Ohio, ils me soutiendront tous les deux.

« Alors, » dit Mason, « écoutez-moi et faites ce que je vous conseille, et la vente de votre propriété aura lieu dans des années aussi lointaines qu'il y paraît cet après-midi. Faites d'abord un bail pétrolier à long terme, disons trente ans, à votre ami non-résident de l'Ohio, en lui donnant tous les privilèges pétroliers, mais, pour votre propre protection en cas de décès du locataire, incorporez dans l'instrument un clause permettant au bailleur de résilier le bail à tout moment moyennant le paiement d'une somme modique. Que l'instrument montre également que la totalité de l'indemnité de location a été entièrement payée à l'avance. Ensuite, faites un autre bail en louant tous vos droits de propriété restants à votre ami M. Van Meter de cette ville. Que ce second bail soit d'une durée semblable et de dispositions semblables au premier, et que la totalité de l'indemnité y afférente soit également payée d'avance. Ensuite, vous n'avez qu'à enregistrer les instruments, à employer un avocat et à vous asseoir à l'ombre de votre maison. Les cheveux sur votre tête seront considérablement clairsemés avant que le litige concernant vos affaires compliquées ne se termine par un jugement final de vente. Rufus

Alshire se pencha en avant et écoutait avec impatience. « Mais Farras ne va-t-il pas me poursuivre en justice, a-t-il demandé, ne va-t-il pas attaquer les baux ?

« Certainement, » dit Mason, « il fera immédiatement l'une des deux choses suivantes ; soit il intentera une action en justice sur les billets, soit il tentera d'embrasser l'ensemble de l'affaire dans un procès en chancellerie. S'il intente une action en justice, résistez et tentez de vous battre devant les cours supérieures. Lorsqu'il obtiendra enfin un jugement dans votre État, il sera obligé de recourir à une action en chancellerie aux fins de vendre le terrain. Dans les deux cas, il doit se présenter définitivement devant un tribunal de chancellerie et inclure les titulaires de ces baux comme parties défenderesses à son action. Lorsque cela sera fait, les locataires non résidents ne se présenteront pas et il ne pourra obtenir signification à leur égard que par ordre de publication. Vous seul combattrez ce procès de chancellerie devant les tribunaux inférieurs et supérieurs, et juste avant qu'une vente du terrain ne soit ordonnée par le tribunal de dernier ressort, l'un des locataires non résidents doit comparaître, et en vertu de la disposition légale applicable à ce dernier. affaires, déposer son projet de révision et ouvrir toute l'affaire, interdire la vente, combattre l'affaire encore et encore devant la cour supérieure. Lorsque ce nouveau litige touche enfin à sa fin et que le terrain est de nouveau ordonné de vendre, le non-résident restant doit comparaître, intenter son action devant la Circuit Court des États-Unis, interdire la vente et poursuivre son combat.

« À ce moment-là, continua Mason en posant sa main osseuse sur l'épaule du géant, il y aura probablement des stries grises dans ta barbe, et si tu veux prolonger ce procès pour l'éternité, tu n'auras qu'à produire quelque héritier collatéral. .»

L'immense Alshire leva les yeux vers l'homme étrange à côté de lui. « Est-ce que tout cela est possible ? » demanda-t-il avec étonnement.

Randolph Mason ne répondit pas immédiatement ; Il traversa la pièce en trébuchant jusqu'à sa chaise et s'assit près de la table. Sa forme était mince et décharnée, et le long du bord de son front les veines étaient violettes et gonflées. Au bout d'un moment , il se tourna vers le puissant éleveur , le visage laid et ricanant. « Pour la loi, dit-il, tout est possible, même la justice. »

V

Un matin du début de l'hiver, le cheval rouan roux, la tête par-dessus la haute clôture de son pâturage, aperçut deux hommes debout dans le pré voisin, contemplant en silence un gigantesque derrick. L'un, il reconnut immédiatement comme son maître Rufus Alshire , et l'autre ressemblait dans une très large mesure à une certaine personne odieuse qui, lors d'une mémorable nuit d'été, avait enduit sa crinière bien entretenue du pétrole le plus désagréable.

Bientôt, le pâturage parla. "J'estime qu'il ne sera plus nécessaire pour Jerry d'invoquer l'ennui des tribunaux fédéraux, il semble qu'il y ait ici assez de graisse pour tout payer et conclure les procès."

Le foreur leva les yeux vers le pétrole coulant des poutres du derrick ; puis il fit un puissant geste anguleux avec son bras droit nu.

« Par joyeux ! » il a dit : « il y a suffisamment d'argent dans ce trou pour rembourser la dette nationale ».

LA RÈGLE CONTRE CARPER

je

CARPER ne se souvenait pas avoir déjà remarqué les détails laids de la salle d'audience auparavant : le haut plafond sale, les rangées de bancs usés, brisés, vides comme un cœur d'imbécile, le bureau du greffier et le présomptueux banc du tribunal. juge; les longues tables aussi des avocats, encombrées de papiers, de livres et de couvertures poussiéreuses, un désordre fou, comme elles étaient laides !

Carper leva les yeux vers le juge. La robe de soie noire de l'homme tombait en plis droits et nets ; il était assis droit comme un moulage de bronze, le visage à moitié tourné vers la fenêtre pour mieux lire le journal devant lui. Comme le pouvoir avait changé ce visage ! Carper se rappelait vaguement que, des années auparavant, le visage de cet homme avait été doux, tendre, éclairé de gentillesse. Maintenant, c'était aussi dur que l'ivoire blanc.

Les avocats autour de la table parlaient à voix basse ; Carper n'a pas entendu; il se demandait vaguement si les longs doigts minces du juge lui faisaient jamais mal comme sa tête lui faisait mal. La conjecture était unique.

Il était difficile pour Carper de prendre conscience de sa position. Ses vêtements étaient certainement meilleurs que ceux de n'importe quel autre homme présent dans la salle d'audience. Il était tout à fait certain que son visage était le même masque puissant, net et immobile qu'il avait toujours été. Le monde ne le savait pas, il ne le soupçonnait même pas. Si l'on avait demandé au greffier là-bas une évaluation financière de Russell Carper, le greffier aurait haussé les épaules et écrit six chiffres en marge de son dossier. Pourtant, c'était la fin, la fin.

Près de la fenêtre se tenait un prisonnier sous la garde du maréchal. L'homme était pauvre, misérablement pauvre ; ses vêtements étaient propres, usés jusqu'à la corde, aussi anciens que la loi. Carper connaissait l'histoire. L'homme était un petit commerçant ; sa femme était malade, mourante, dit le député. Il y avait aussi des enfants, affamés, nus, absurdement misérables, et le crime, une petite infraction fiscale. Il serait immédiatement tenu de payer son amende et, à défaut, serait enfermé dans une cellule. C'était la loi, sans cœur comme une image. Pourtant, Carper se demandait insouciant si quelqu'un venu d'au-delà des limites du monde et en quête du bien ne prendrait pas cet homme et ne laisserait pas les autres, ne laisserait pas tous les autres - le juge avec son visage patriciat aux veines bleues, les greffiers avec leurs mâchoires élancées, les avocats, avec leur expression d'indifférence abominable, et lui-même. Eh bien, la machinerie de la justice humaine fonctionnait mal. Puis il s'interrogea sur la condition qui avait donné naissance à cette hypothèse. Comment était-il possible de réfléchir avec autant d'indolence à la condition d'autrui alors que la sienne était périlleuse ? Pourtant, de telles spéculations ont été obtenues chez les hommes, dit-on, dans les grandes crises et au bord de la tombe.

Bientôt, le juge déposa ses papiers et commença à parler. Carper l'entendit parler à une longue distance. Au début, les mots semblaient indistincts et dénués de sens ; puis il les saisit au complet, comme quelqu'un qui se réveille surprend et comprend soudain la conversation de son semblable.

« Le rapport de notre commissaire, disait le juge, montre que ce séquestre a désormais sous sa garde trois cent dix-sept mille dollars appartenant aux actionnaires de la Massachusetts Iron Company. Lors d'un mandat antérieur de ce tribunal, une ordonnance a été rendue ordonnant au séquestre de distribuer ce fonds conformément à un décret antérieur. A ce moment-là, cet ordre fut résisté au motif que le décret n'était pas suffisamment explicite ; objection que le tribunal, après examen, a rejetée. Plus tard, on a demandé que le paiement soit retenu au motif que cette ordonnance avait été accordée par imprévoyance et qu'une requête en révocation avait été présentée, qui a également été rejetée. Et plus tard encore, l'avocat du curateur a présenté d'innombrables objections techniques, que ce tribunal considère comme insuffisantes et insignifiantes.»

C'est à ce moment-là que l'un des avocats de Carper s'est levé. « S'il vous plaît, dit-il, nous demandons à être entendus pour défendre notre client. Nous pensons qu'il est encore possible de démontrer que cette ordonnance ne doit pas être appliquée.» Puis il s'est assis.

Les veines bleues du visage du juriste s'assombrirent. «Messieurs», a-t-il poursuivi, «ne peuvent plus être entendus maintenant. Le temps de cette cour a déjà été largement absorbé par des arguments inutiles. Hier, les actionnaires de la Massachusetts Iron Company ont demandé une règle exigeant que Russell Carper, séquestre, comparaisse et explique, s'il en a, pourquoi il ne devrait pas être arrêté et puni pour outrage en désobéissant aux ordonnances de ce tribunal. Le règlement que j'ai ordonné d'émettre doit être rendu demain matin à dix heures.

Le juge remit le document au greffier et ordonna que l'affaire suivante soit appelée. Puis il se laissa tomber en arrière sur sa chaise avec l'immense insouciance d'une personne bien éloignée de l'emprise de ses camarades.

C'était la fin. Mais pour Carper, tout cela était aussi irréel qu'hier. Il semblait hors de la scène et, pour cela, hors de lui-même, spectateur oisif. Ses avocats chuchotaient gravement. On lui disait que le jeu était désormais joué. Il n'y avait plus rien à faire. Il doit ordonner à son banquier de payer l'argent. Même ces combattants engagés ne s'en doutaient pas ; ils ont présumé que le retard était favorable à une transaction sur les actions. La vérité – lui seul,

Carper, la connaissait. Il y avait de l'humour sombre dans cette énorme tromperie.

En sortant de la salle d'audience, Carper s'est arrêté et a remis au greffier la seule facture dans ses poches. Il paierait l'amende du commerçant. Le tout était une petite comédie extrêmement intelligente, et il voulait voir le soleil revenir sur le visage du commerçant.

CARPER avait eu droit à une longue après-midi pour organiser un plan, planifier une issue, mais il la laissa passer comme n'importe quelle journée de loisir. Son esprit était indolent, absurdement indolent. Dans toutes les autres crises de sa vie, elle avait été agitée comme une vague soufflée. Ce jour-là, c'était lent. Conscient de la fin, il avait croisé les bras. Il était difficile de comprendre que sa carrière avait été arrachée comme une couture pourrie. Cet après-midi-là, son courtier avait parlé confidentiellement d'une certaine aventure ferroviaire. Des hommes occidentaux avaient sollicité l'utilisation de son nom dans l'organisation d'un trust englobant les mines de cuivre d'un État. On lui avait demandé de contribuer à une grande œuvre caritative. Cette nuit, la dernière nuit, dans sa bibliothèque, il n'y avait encore aucun signe de cette ruine qui se trouvait près de la pierre de l'âtre. Le feu était chaud ; les environs étaient luxueux; les étagères étaient remplies de livres ; Depuis les murs, les visages sévères de ses ancêtres regardaient vers le bas, hautains, implacables comme leur vie l'avait montré. Il était difficile de comprendre qu'il était un détourneur et un failli, suspendu au-dessus d'un abîme vide par une ligne que le lendemain couperait court.

Pendant cinq ans, il avait été séquestre de la Massachusetts Iron Company. Au cours de ces cinq années, il avait acheté et vendu dans la rue avec l'abandon d'un maître. Il avait utilisé les fonds de cette entreprise comme un ouvrier utiliserait un outil laissé dans son atelier. Il avait gagné de grosses sommes, et il en avait perdu au point que la terre même semblait s'effondrer sous ses pieds.

Puis la chute des stocks d'un grand système ferroviaire l'a surpris, et il a investi chaque dollar de ce fonds en fiducie et l'a vu disparaître comme une vapeur. Pourtant, personne ne le savait. La réputation de Carper était impeccable dans la rue, parfaite dans ses contours, une coquille vide, mais personne ne le savait.

Lorsque les actionnaires de la Massachusetts Iron Company ont finalement exigé une réorganisation, il avait fait appel aux meilleurs talents juridiques et avait contribué à chaque retard de la loi. La lutte s'était poursuivie année après année, de tribunal en tribunal. Des ordres avaient été saisis et dissous ; des décrets avaient été pris et annulés ; des audiences avaient été accordées par les cours supérieures et des nouvelles audiences , mais la fin, longtemps retardée, arriva enfin.

Les actionnaires avaient demandé une règle. C'était la procédure la plus sommaire connue par la loi. Demain, il devra payer l'argent, ou aller en prison comme criminel. La fin se profilait comme les contours déchiquetés d'une falaise.

Pour Carper, cette fin semblait atrocement injuste. Il avait travaillé si dur, si dur : le meilleur qu'il y avait en lui ; les bons jours de sa vie avaient été consacrés à ce travail. Son rêve d'enfance était de participer aux grandes affaires, au travail acharné de sa jeunesse et, en partie, à la réalisation de sa vie adulte. Il avait tout coupé d'une main qui n'avait jamais tremblé. C'était son droit de gagner, si la justice existait quelque part. Mais demain, c'était la fin. Demain, le tribunal le déshabillerait comme un os.

Il avait entendu de nombreux pasteurs élégants parler avec désinvolture de la justice éternelle de la Providence. Puis il a cru que cela ne pouvait pas être vrai , avec un soupçon de vérité. Maintenant, il était tout à fait clair que ce n'était pas faux , mais faux ; un mensonge agréable comme le conte de fées de la ménagère.

Carper prit le cigare entre ses dents et le laissa tomber sur le foyer. Le jeu de la vie était un jeu laid. Il a avoué qu'il avait perdu tout intérêt pour son jeu. Maintenant que cette pensée suggérait qu'il voyait qu'il avait perdu tout intérêt depuis le début. C'était contre l'inertie qu'il s'était battu – le fléau de l'inertie, et sans aucun gain. C'était un monde où, si l'on restait assis, on se perdait dans la monotonie ; et si l'on travaillait, c'était uniquement dans le but de construire des navires pour voler dans les airs, qui, une fois tous terminés, restaient stupidement sur la terre ou, par hasard, tombaient lourdement sur le constructeur, lui brisant le cœur. Il ne comprenait pas pourquoi les hommes disaient parfois que la vie était belle.

Carper avait regardé, croyait-il, dans de nombreuses pièces du temple. La même forme de capuche était présente dans chacun d'eux. Si la renommée était donnée, le crâne était assez généralement écrasé avec la couronne. Si la richesse était donnée, le dos était brisé sous le poids. Si l'amour était donné, oui, le cœur en était généralement brisé, l'amour !

Carper se leva et se dirigea vers un placard dans le mur, déverrouilla la porte et en sortit une grande photographie qu'il apporta au feu. C'était l'image d'une femme jeune, belle, frémissante de la puissance de la vie ; la masse de cheveux noirs était retenue de son front ; les yeux étaient grands, clairs, transparents ; le nez était droit comme les bords d'un dé, et la gorge ronde, pleine, merveilleusement moulé . Dans l'ensemble de la tête, il y avait la fierté du lignage et la rigueur implacable de la pureté. C'était un beau visage, issu d'une vie irréprochable, fort, innocent, exigeant comme un enfant.

L'homme posa le tableau sur la cheminée et s'assit près du feu. Ce jour était maintenant révolu depuis sept ans , — sept ans ! Hier n'était pas plus loin. Chaque détail était clair. Le choc les avait gravés dans son cœur. Il avait aimé cette femme comme un homme n'aime qu'une seule fois. Il lui confiait sa vie ; il allait vers elle pour tout ce que cette femme pouvait donner ; tout de douce camaraderie, tout de tendre sympathie, tout d'amour. Elle était la seule femme au monde. L'expression est une platitude, mais le fait était aussi réel pour Carper que les arbres verts et la lumière du soleil. On n'aurait pas plus pu convaincre cet homme que d'autres femmes détenaient certains des charmes de la vie, pas plus qu'on n'aurait pu le convaincre que la lumière était un liquide. Son amour avait acquis le pouvoir d'une religion ; il était allé plus loin, il avait acquis la majesté d'une loi.

Puis le coup est venu. Carper était allé voir cette femme avec un écrin de bijoux, le bénéfice d'une entreprise. Il se souvenait à quel point elle avait été heureuse : comment la lumière de la confiance dansait dans ses yeux ; comment elle avait porté les bijoux jusqu'à la fenêtre pour voir les gros rubis se changer en gouttes de sang, puis elle s'était retournée avec un sourire enjoué et lui avait demandé comment il avait gagné une si grosse somme, et lui, comme un misérable imbécile, Il avait laissé échapper qu'il s'agissait d'une partie de ses gains dans le cadre d'un marché de rue, un marché dans lequel il avait ruiné une petite banque en profitant de son erreur ignorante. C'était la grosse erreur.

Carper se souvenait de la façon dont le sang avait disparu du visage de cette femme, le laissant gris cendré ; comment la douleur sourde s'accumulait dans ses yeux ; comment elle s'était approchée de lui, avait déposé lentement les bijoux dans leur écrin, et, sans un mot, était retournée s'asseoir près de la fenêtre. Et il savait que la femme de son amour était hors de portée de ses doigts. La laisse de son amour avait glissé et était revenue dans ses mains.

Il se souvenait de l'effet sur lui-même comme de quelque chose de totalement étranger à celui que les écrivains attribuent aux hommes dans des conditions similaires. Il n'y avait pas d'horreur engourdissante ; aucun désir de faire une violente démonstration de sentiment. Il y eut simplement une vague perte de force, comme si le fond de la fontaine de force vitale était tombé, et puis il tomba malade, physiquement malade. L'homme matériel fut le premier blessé et s'effondra, comme s'il avait reçu une balle dans l'estomac avec un obus. Il ne ressentait aucune de cette émotion exagérée qu'affectait le comédien.

C'était le mal banal d'un coup physique épouvantable.

Une fois la nausée passée, il s'était approché d'elle et lui avait demandé de savoir ce que tout cela signifiait, même s'il le savait aussi bien qu'elle. La femme l'avait regardé avec ses grands yeux endormis par la douleur et avait dit qu'elle l'avait considéré comme un homme honorable et qu'elle l'avait aimé pour cela, mais que maintenant elle connaissait la vérité et qu'elle ne serait jamais l'épouse d'un homme malhonnête. .

Il avait alors fait valoir son argument, et il était bon. L'entreprise était parfaitement légitime, ainsi reconnue et traitée par les hommes d'affaires du pays, et bien plus, elle était considérée comme telle par la loi. Telles étaient les normes ; il n'y en avait pas d'autre. Les coutumes commerciales et la loi étaient les règles du droit sur les marchés. Leur sagesse était incontestable. C'était le résultat de toute l'expérience de la race, la conclusion d'hommes sages, travaillant avec les conditions telles qu'elles étaient. Avait-elle le droit de dire que ces normes étaient fausses ? Il a fait appel à son sens de l'équité. Était-elle mieux à même de transmettre le droit de cette transaction que tous les marchands instruits dans les usages du commerce, que tous les juristes instruits dans la sagesse du droit ? Était-elle plus capable ?

Carper a souligné qu'elle vivait dans une atmosphère de pureté bien au-dessus du vacarme de la lutte pour la vie ; une terre de droit raffiné, de justice raffinée, d'honneur raffiné, magnifique, mais pas le monde. Le monde n'avait pas de code parfait ; ce n'était pas un endroit parfait ; ce n'était pas prévu pour qu'il en soit ainsi, sinon cela aurait été ainsi fait. C'était un lieu indifférent, régi par la loi inexorable de la survie du plus fort, où les hommes luttaient pour trouver leur place et le confort de la vie. Il faut se conformer aux conditions telles qu'elles étaient, ou aller au mur. C'était de la folie, c'était de la idiotie, c'était de la folie de faire autrement.

Le commerce était comme la nature : impitoyable. Il n'y avait aucune mesure de considération pour le faible ou l'imbécile. Le combat fut âpre, impitoyable, sujet à des changements dangereux. Si quelqu'un était attrapé et brisé, la faute en était au triste schéma des choses, et c'est une Intelligence Divine qui le maintenait, et les hommes ne pouvaient pas remettre en question cette Intelligence Divine. Cet état du monde n'est peut-être pas le plus pur ou le plus heureux, mais c'est l'état du monde. C'était la voie de Dieu. Était-il sage de qualifier cela de mal ?

Puis il a changé. Il lui rappela qu'elle avait promis de vivre sa vie avec lui. C'était un contrat qu'elle n'avait pas le droit de rompre. La position qu'elle prenait était une effroyable contradiction. Elle réprimandait les coutumes du commerce, et pourtant il n'y avait pas un marchand sur la place qui voulût répudier son contrat. Elle accusait la loi de ne pas apprécier les plus hautes nuances du droit, et pourtant elle était sur le point de faire ce que la loi, même dans sa grossièreté, reconnaissait et punissait comme un mal. Elle ne pouvait pas se tenir sur ce terrain et faire ce qu'elle faisait. Même s'il avait fait du mal, devait-elle aussi le punir en faisant le mal ? Le vice de sa position criait. Sa promesse avait été donnée. C'était immuable. C'était son affaire de savoir ce qu'elle pensait, de déterminer ce qu'elle voulait faire. Elle le connaissait depuis des années. Au cours de ces années, nous avons eu amplement le temps d'enquêter, de conclure et de décider. Personne n'avait restreint la liberté de son libre arbitre. Elle était enfin devenue partie prenante à ce contrat. Pouvait-elle le répudier maintenant, comme le vulgaire coquin chez qui les principes manquaient ?

Il lui demanda de se rappeler la gravité de ce contrat. Cela impliquait sa vie, sa vie, peut-être celle des autres. Il avait tout façonné dans ce but. Avait-elle le droit de tout détruire sans pitié ? Que penserait-elle d'un homme qui, ayant contracté pour en accompagner un autre dans un pays inconnu, l'abandonnerait tout à coup aux confins de la campagne ? Que penserait-elle de celui qui s'était engagé à aller avec un autre dans une mer inconnue, et qui, lorsque cet autre aurait préparé son navire, l'abandonnerait au bord de l'eau ? Est-ce qu'elle faisait mieux que ça ?

La femme n'avait pas répondu du tout ; des cernes s'étaient accumulés autour de ses yeux et les muscles de sa gorge se détendaient et s'affaissaient.

Puis Carper se souvint de la façon dont il s'était agenouillé à côté d'elle et lui avait pris la main dans la sienne, sa main, molle, froide, une chose morte.

D'ailleurs, il avait continué, il l'aimait ; elle était la seule femme dans son cœur. Il ne pourrait jamais y en avoir un autre. Jour et nuit, et chaque jour et nuit, son cœur la pleurait comme un enfant torturé ! Il n'y avait rien d'autre dans le monde pour quoi vivre, pour quoi lutter. Il avait appris à l'associer à chaque espoir, à chaque émotion, à chaque ambition de sa vie. Comment pourrait-il vivre sans elle ! Que faire de ses journées vides ! L'orgueil pouvait le porter infirme pendant quelques moments, mais il y avait une limite à l'endurance d'un homme, et alors – qu'en était-il de ses jours vides alors ?

S'il avait mal agi, Dieu pourrait trouver un moyen de le punir en dehors de son amour. D'ailleurs, s'il faisait quelque chose de mal, il avait encore plus besoin d'elle. Il avait besoin d'elle pour compléter sa vie, pour y ajouter honneur, pureté et droiture. Dieu l'avait envoyée pour faire cette œuvre de bien. Allait-elle refuser simplement parce que le monde n'était pas le genre d'endroit qu'elle croyait être ? Maître de la vie ! le monde serait abominablement vide sans elle. Il irait partout où elle le souhaiterait ; faire n'importe quoi, être n'importe quoi, souhaitait-elle. Ce n'était pas les applaudissements des hommes qu'il voulait dans cette vie, ni la multitude des choses. C'était sa main toute seule ; sa voix dans ses oreilles ; son image dans son cœur pour toujours. Il ne pourrait jamais revenir à son point de vue.

Elle avait lâché la bouche de quelque chose dans sa poitrine qui la réclamait à grands cris. Il ne se contenterait d'aucun autre. Il ne ferait taire aucun autre. Son cœur lui faisait maintenant mal à cause de ce cri. Quel lieu de torture ce serait demain, et l'année prochaine, et l'année suivante.

Les larmes avaient coulé sur le visage de cette femme, mais elle avait secoué la tête.

Ce jour était maintenant révolu depuis sept ans – sept ans ! Hier n'était pas plus loin. Bien bien! Il n'avait qu'en partie raison. Le visage de femme dans son cœur, il l'avait muré. Il avait fait taire le cri pour elle avec les opiacés de l'avidité. Pourtant, ils étaient tous deux là et vivants. Cette nuit, le mur s'était effondré et les anesthésiques étaient impuissants. Ce n'était pas grave. Après tout, avait-elle bien fait ? Elle avait vécu, impeccable, pure, seule ; et il avait survécu... jusqu'à cela. Avait-elle bien fait ? Il n'avait pas le droit de répondre à cette question.

Carper s'est levé de sa chaise, a pris la photo sur la cheminée, l'a cassée au visage et a jeté les morceaux dans le feu. Il n'était pas nécessaire que l'adjoint du maréchal spécule sur ce tableau.

Puis il se dirigea vers le cabinet, sortit un paquet de lettres anciennes, jaunes, liées par un ruban décoloré, et, en choisissant une au hasard, s'assit sur sa chaise pour le lire. "Cher cœur", disait-il au début, et à la fin, "Je suis inexprimablement seul et je t'aime." Oui, il se souvient bien des circonstances de sa rédaction. Puis il le remplaça par les autres et les déposa tous doucement sur le feu. Ils ne devraient pas être une lecture agréable pour le maréchal.

Il était venu au monde, le cœur brisé et chaque fragment douloureux comme un nerf, et depuis ce jour, il arborait le drapeau noir de la piraterie. Parmi tous les boucaniers de la rue, nul n'avait la main plus lourde, et aucun n'avait le cerveau plus vif que le sien. Depuis ce jour, tous ceux qui avaient laissé un prisonnier sur le pont de leur galion avaient marché sur la planche. Les muscles de son visage se tendirent à cette pensée.

Quelque part dans la maison, une horloge sonna dix heures. Carper se leva et traversa la pièce d'avant en arrière. L'esprit d'une résistance farouche commençait à s'éveiller. Il ne serait pas dépouillé comme un faible. Il se battrait, se battrait, mais comment ? Il était inutile de rêver de récolter de l'argent. Ce plan avait été abandonné depuis longtemps. Vainage vapoter ! Il n'y avait plus d'autre chemin que celui de Brutus : la route vers l'immensité de l'éternité était ouverte ! La sortie a été facile. Pourquoi devrait-il prendre du recul ? Il devra sûrement partir plus tard. Pendant des années, le monde a été un bon endroit où s'en sortir – pendant sept ans.

L'homme ouvrit un tiroir au bas de la bibliothèque et en sortit une arme : un ancien pistolet de duel de son grand-père. Il porta l'arme jusqu'à la table, l'essuya soigneusement et commença à la charger. Quand il eut fini, il alla fermer la porte. Sur le seuil gisait un des journaux du soir de la ville. Carper l'a ramassé et l'a amené avec lui à la lumière. Les gros titres ont retenu son attention. C'était l'histoire d'un grand défaillant bancaire qui s'était libéré en raison d'un défaut de la loi astucieusement signalé par un avocat, Randolph Mason.

Il se souvenait de cet homme comme d'un remarquable misanthrope juridique. Il avait entendu parler de lui devant les tribunaux fédéraux. Il avait quelque part l'adresse de cet homme, notée un matin où l'administrateur d'une succession quittait la cour fédérale, un voleur gigantesque avoué, mais, selon le conseil de cet homme, hors de portée de la loi.

Carper parcourut l'un des dossiers sur sa table : oui, voici le numéro de résidence. L'homme se pencha et posa son bras sur la tablette de la cheminée. On ne ferait peut-être pas de mal d'y aller ; il y avait suffisamment de temps. On pourrait revenir plus tard sur la question de l'acier.

Carper se retourna brusquement, enfila son manteau et son chapeau et sortit dans la rue, fermant la porte et la verrouillant soigneusement derrière lui. Puis il appela un taxi, donna le numéro au chauffeur et s'appuya lourdement contre le coussin.

II

ici l'endroit, monsieur, dit le cocher.

Devant lui était allumé. La porte était ouverte. Le coupé d'un chirurgien était à côté du trottoir. Il gravit lentement les grandes marches menant à la porte. Il y avait dans l'air quelque chose d'indescriptible qui semblait présager une calamité ; il y avait des bruits de personnes se précipitant avec quelque chose de désespéré.

Alors que Carper levait la main pour toucher la cloche, deux hommes sortirent dans l'ombre de la salle.

« C'est un grave cas de manie aiguë », disait l'un d'eux. "Je lui ai donné deux injections hypodermiques de morphine, et il délire toujours comme un marin ivre."

La main de Carper tomba sur son côté. Il se tourna lentement et descendit les marches jusqu'à la rue. Il n'avait pas été remarqué par les chirurgiens occupés.

Carper sortit. Au bord du trottoir, il s'arrêta un instant et regarda l'avenue de haut en bas. Eh bien, c'était la justice. Depuis sept ans, il arborait le drapeau noir de la piraterie. Parmi tous les boucaniers de la rue, nul n'avait la main plus lourde, et aucun n'avait le cerveau plus vif que le sien. Tous ceux qui avaient laissé un prisonnier sur le pont de leur galion avaient parcouru la planche. C'était maintenant son tour. C'était la justice.

Carper a parlé au chauffeur de taxi. Puis il entra et ferma la porte.

L'homme de dernier recours avait probablement disparu. Il n'y avait désormais plus d'autre recours que l'acier sur la table.

LA FIN.

Milton Keynes UK
Ingram Content Group UK Ltd.
UKHW011821120624
444110UK00004B/236

9 789359 253442